栗村修の

今日から始める スポーツ自転車生活

JN092488

栗村 修
OSAMU KURIMURA

エクシア出版

はじめに

買い方から楽しみ方まで

栗村修です。この本の読者さんには、「はじめまして」の方が多いかもしれません。

僕は昔、自転車の選手をやっていました。フランスで行われる「ツール・ド・フランス」に憧れて選手になったんです。引退した後は、自転車の魅力を多くの人に知ってもらうために、テレビでのレース解説やレースの主催などのお仕事をしています。

本もずいぶん書いてきましたが、実は、今回のような入門本はほぼありません。自転車を趣味にする人に向けた本ばかり書いてきたからです。

そんな僕が入門本を書くことになったのは、スポーツ自転車への需要がどんどん大きくなり、新しく自転車を買おうとする人が増えているからです。そう、みなさんのように。

ところが、あるとき僕は、「これから自転車を買う人」に向けた本がとても少ないことに気づきました。マニアックな本ばかりだったんです。

しかし、初心者が入りにくい趣味は盛り上がりません。そこで、日本にスポーツ自転車を広めることを目標にしている僕は、入門者のための本を書くことにしました。

本書はよくある入門本ではありません。自転車の買い方からはじまり、乗り方、メンテナンス、そして楽しみ方まで触れてあるんです。

ですから、この本が一冊あれば、自転車を一生の相棒にできる。そんな本になっているはずです。

人生を豊かにしてくれるスポーツ自転車の世界にようこそ！

栗村 修

Guide to start bike for life.

本書の流れ

Part1
スポーツ自転車とは

スポーツ自転車を買う前に知っておきたい基本をまとめました。まずは、このパートから読んでみてください。

Part2
失敗しないスポーツ自転車の選び方

種類がたくさんあるスポーツ自転車。目移りして悩まないよう、選び方を解説します。このパートを読めば、どの自転車を買うべきかがわかります。

Part3
簡単！快適メンテナンス

スポーツ自転車にはメンテナンスが欠かせません。パート３では、自分でできる基本的なメンテナンスのやり方をお伝えします。

Part4
スポーツ自転車を乗りこなす

スポーツ自転車の乗り方は、ママチャリとは異なります。安全に、楽しく乗るための基本スキルを解説します。

Part5
スポーツ自転車を遊びつくす

街乗り、いろいろな旅、レース……。スポーツ自転車の楽しみ方はたくさんあります。このパートには、楽しみ方のヒントをいっぱい詰め込みました。

Part6
自転車レースは人生だ

スポーツ自転車に乗ったら、誰でも「もっと速くなりたい」と感じるのではないでしょうか。このパートでは、速くなるための基本情報をコンパクトにまとめました。

Guide to start bike for life.

栗村修の 今日から始める スポーツ自転車生活

CONTENTS

Part2 失敗しないスポーツ自転車の選び方

Part5 スポーツ自転車を遊びつくす

Part6 自転車レースは人生だ

※本書に掲載されている自転車の画像は、現行モデルとは異なる場合があります。

※スポーツ自転車に乗るときには交通ルールを厳守し、安全に配慮して走ってください。

Part1

スポーツ自転車とは

スポーツ自転車ってなに？

近年「スポーツ自転車」への関心が高まっている。普通のママチャリとは何が違うのだろうか。

「楽しむ」ためのスポーツ自転車

スポーツ自転車とは、移動の手段としてだけでなく、趣味としても楽しめる自転車のことだ。

スポーツ自転車とは「乗ることを楽しむ」自転車

街中や郊外を、さっそうと走り抜ける自転車が増えています。そう、シティサイクル、いわゆる「ママチャリ」とは違う「スポーツ自転車」です。

スポーツ自転車とは、舗装路をハイスピードで走れるロードバイクや、悪路をものともしないマウンテンバイク（MTB）などの、スポーツとして楽しめる自転車のことです。

厳密な定義はありません。スポーツ自転車にはたくさんの種類があり、とても多様だからです。ママチャリ以外はすべてスポーツ自転車とい

スポーツ自転車の例

スポーツ自転車を代表する「ロードバイク」。ママチャリとは作りが異なる。

ってしまってもいいくらいです。

しいていうなら、「乗ることを楽しめる自転車」でしょうか。単なる移動手段としてではなく、楽しみとして、あるいはスポーツとして乗れる自転車はすべてスポーツ自転車です。

スポーツ自転車にはたくさんの種類がありますが、いずれもママチャリよりずっと高性能です。高性能とは、より速く、より長距離を、より楽に走れるということです。

健康な大人なら、誰でも100㎞くらいの「ロングライド」は可能です。MTBや最近流行の「グラベルロード」なら、悪路も走ることができます。

得意分野は車種によって異なりますが、乗り物としての性能が高いのがスポーツ自転車なのです。

なぜ今、スポーツ自転車なの？

今、スポーツ自転車が世界的に注目されているのはなぜだろうか。

整備が進む自転車の交通環境

東京都内の自転車専用通行帯。自転車道や自転車用レーンなど、交通環境の整備も進んでいる。

長く続く スポーツ自転車ブーム

実は、スポーツ自転車はずっとブームが続いています。あまりにもブームが長いので、もはやブームとは呼べないくらいです。

1970年代〜1980年代にかけては、少年向けスポーツ自転車やMTBのブームがありました。1990年代には都市部で手紙を運ぶ「メッセンジャー」が注目されましたし、2000年代以降は自転車通勤やロードバイクが流行しました。

スポーツ自転車が市民権を得るにつれ、サイクリングロードや車道

自転車の強み

健康増進

自転車は有酸素運動。
生活習慣病の予防などが期待できる

地球環境にやさしい

CO2などの排出物を出さないため、
環境への負荷が極めて小さい

都市部の移動に最適

渋滞を引き起こさないので
都市部に向いている

趣味としての楽しさ

スポーツ自転車なら
一生楽しめる趣味になる

も、自転車で走りやすいよう整備されてきました。

そして今、新型コロナウイルスのパンデミックの下でも、スポーツ自転車は世界的に品薄になるほど注目されています。

スポーツ自転車がこれほど伸びているのは、これからの社会に最適な乗り物だからです。

後ほど詳しく解説しますが、スポーツ自転車は、とても優秀な有酸素運動の手段でもあります。ダイエットや生活習慣病の予防など、さまざまな健康上の効果が期待できます。

また、排気ガスを出さない自転車はエコな乗り物でもあります。先進国が移動手段としての自転車に期待しているのはそのためです。

スポーツ自転車ならこんなことができる！

スポーツ自転車の楽しみ方は、たくさんある。遊び方が多様なのが自転車だ。

単なる移動手段じゃない！

移動手段だけでなく、趣味の乗り物としても有用なのがスポーツ自転車だ。

長距離の通勤や通学に

スポーツ自転車は、いろいろな使い方ができます。

まず、移動の足として。スポーツ自転車は乗り物として高性能ですから、ママチャリとは比較にならないくらい長距離の移動が楽です。

ですから、スポーツ自転車は通勤や通学に使うことができます。渋滞にも、満員電車にもおさらばしましょう。

距離ですが、片道40㎞や50㎞くらいの通勤にスポーツ自転車を使う人もいるくらいです。もしご自宅か

スポーツ自転車の使い道

通勤・通学

片道数十㎞でも
通勤可能

都市部の移動手段

都市部なら、
車や電車よりも速い

サイクリングなど

一口にサイクリングといっても、
いろいろな楽しみ方がある

自転車旅

……etc.

ら職場までの距離が10㎞や20㎞くらいなら、自転車通勤デビューのチャンスです。

都市部では車や電車より速く移動できるのもスポーツ自転車の強みです。乗り物としての実用面だけ見ても、とても優れていることがおわかりになるでしょうか。

もちろん、スポーツ自転車が趣味の道具として素晴らしいことはいうまでもありません。スポーツ自転車があれば、週末が待ち遠しくなるでしょう。

遊び方も多様です。街中をゆっくりサイクリング（「ポタリング」といいます）してもいいですし、サイクリングロードで遠出してもいいですね。峠でヒルクライムにチャレンジしたり、山道など悪路に挑むのもありです。そうだ、旅も楽しめますよ。

ロードバイク ～舗装路ならおまかせ～

スポーツ自転車を代表する車種がロードバイク。舗装路でのスピードを追求しているのが特徴だ。

ロードバイク

舗装路をハイスピードで駆け抜ける

舗装路でのスピードを追求したロードバイク。レースにも使われている。

速度を限界まで追求したロードバイク

空気抵抗を削減した軽い車体に細いタイヤを装着したロードバイク。舗装された道でのスピードを追求した、代表的なスポーツ自転車です。「ツール・ド・フランス」などの競技でも使われる、自転車版のF1カーとでもいうべきでしょうか。

ですから、スピードを求めるならロードバイクを選んでください。空気抵抗や重量を限界まで削減してまで速度を追求したロードバイクには、工業製品としての機能美も感じられるでしょう。

スピードのための設計

舗装路でスピードを出すための細いタイヤ、空気抵抗を減らしたフレーム、ハンドル形状などがロードバイクの特徴だ。

スピードだけじゃない

こう書くと扱いづらいイメージがあるかもしれませんが、最近は街中でロードバイクを見ることも増えました。

プロ選手たちはこのロードバイクに乗り、ときには３００㎞ものレースを競います。スピードだけではなく、長距離を走ることも想定されているので、移動手段としても優秀なのです。だから、レースに興味がない方でもロードバイクを買う選択肢はアリでしょう。

ただし、一つだけ注意しなければいけないのは、ロードバイクは舗装されていない道を走れないこと。もし未舗装路を走りたいなら、別の車種を選んだほうがよいでしょう。

クロスバイク ～はじめてでも乗りやすい～

初心者でも扱いやすいスポーツ自転車がクロスバイクだ。普段着で気軽に乗ることができる。

クロスバイク

扱いやすいクロスバイク

初心者でも乗りやすいのがクロスバイク。ハンドルの形状もママチャリと大きく変わらない。

初心者に向いたスポーツ自転車

たくさん種類があるスポーツ自転車ですが、その中でも、もっとも初心者向きなのがクロスバイクです。

クロスバイクは、簡単にいうとママチャリとロードバイクの中間に位置する自転車です。

ママチャリより格段に高性能ではありますが、ロードバイクや他のスポーツ自転車ほどハードルは高くありません。普段着で気軽に乗れるスポーツ自転車です。

初心者向きである理由は、まず、ハンドルバーがママチャリに近い

ポジション（姿勢）とは

乗車姿勢のことをポジションという。ロードバイクなどのスポーツ自転車は
空気抵抗を減らすために前傾姿勢で乗る場合が多い

「フラットハンドル」であるため、持ちやすいことです。ママチャリからも違和感なく移行できるでしょう。

　スポーツ自転車は空気抵抗を減らすために上体が前傾したポジション（姿勢）になることが多いのですが、クロスバイクは全体として初心者を想定してあるので、あまり上体は倒れません。楽な姿勢で乗れます。

　クロスバイクは、スピードの追求や悪路の走破性ではロードバイクやＭＴＢなど他の車種に一歩譲ります。しかし、その気軽さを活かし、10～20㎞程度の街乗りには向いています。

　本格的なスポーツ自転車はちょっと……という方や、スポーツ自転車を街乗りに使うことを考えている方には最適です。

グラベルロード～なんでもできる万能選手～

ロードバイクでありながら未舗装路も走れるグラベルロードバイクは、近年注目のジャンルだ。

グラベルロード

グラベルロードバイク

ロードバイクの一種だが、未舗装路も走ることができる。万能のスポーツ自転車だ。

グラベル＝未舗装路も走れる

比較的新しいジャンルですが、近年、注目されているのがグラベルロードバイク（グラベルロード）です。「グラベル」とは、砂利道などの、少し整備された未舗装路のこと。グラベルロードはロードバイクの一種ですが、未舗装路も走れるのです。

スピードや長距離ライドを楽しめるロードバイクですが、未舗装路だけは苦手でした。しかし、未舗装路まで走れるようになったグラベルロードは、その万能さによって人気を集めています。

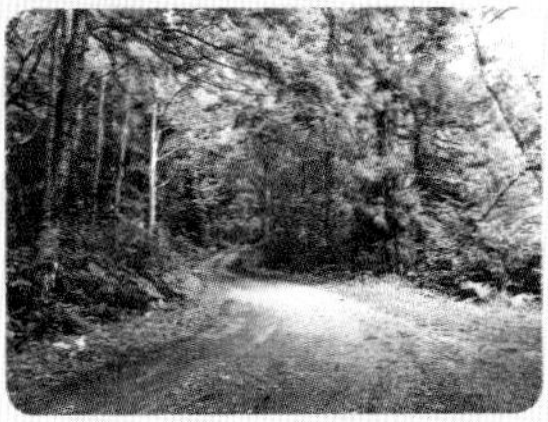

グラベルとは

「砂利道」のこと。手つかずの荒野ではないが、アスファルトやコンクリートによる舗装がされていない道のことだ。

太いタイヤが走破性を生む

グラベルロードは、通常のロードバイクが装着できない太いタイヤを付けられる。それが悪路の走破性につながっている。

グラベルロードなら舗装されていない道も走れますし、もちろん、舗装された道も得意です。荷物を積みやすいモデルも多いので、自転車旅にも向いています。

つまりグラベルロードは万能選手なのです。人気が出るのもうなずけますね。

しかし、グラベルロードはなぜ未舗装路も走れるのでしょうか。

それは、太いタイヤを装着できる設計になっているからです。通常のロードバイクは細いタイヤしか付けられませんが、グラベルロードは違います。だから悪路も走れるのです。

乗り手のポジションも、通常のロードバイクより少し楽になるように作られていることが多いようです。その意味では初心者でも乗りやすいロードバイクといえます。

MTB ～オフロードの専門家～

マウンテンバイク（MTB）はその名の通り、山道も走れるスポーツ自転車。悪路の走破性は圧倒的だ。

マウンテンバイク

マウンテンバイク（MTB）
極太のタイヤ、サスペンションを装備した、オフロードに特化したスポーツ自転車。

オフロードに特化したMTB

未舗装路も走れるグラベルロードをご紹介しましたが、もっと悪路に強いスポーツ自転車があります。それがマウンテンバイク（MTB）。文字通り、山道などオフロードを走れる自転車です。

グラベルロードが想定しているのは砂利道などですが、MTBはもっと荒れた道も走れます。

そのため、車体も特殊です。とても頑丈なフレーム（骨組み）に、衝撃を吸収するためのサスペンションまで付いています。タイヤも、グラベルロ

シクロクロス

シクロクロス

ダート（泥道）を走る競技のために作られた車種。グラベルロードに近い。

ードよりもさらに太くなっています。

ハンドルは操作性を重視した、クロスバイクに近いものですが、もっと幅が広いのが特徴です。

このような工夫が盛り込まれたMTBは、悪路に特化したスポーツ自転車といっていいでしょう。タイヤが太いため、舗装路ではペダルが重く、あまり使い勝手はよくありませんが、タイヤを細いものに交換すれば、街乗りにも使えます。

ややマイナーですが、悪路を走れるスポーツ自転車としてシクロクロスをご紹介しておきます。

シクロクロスは、欧州で盛んな「シクロクロス」というダートを走る競技のための車種です。未舗装路を走れる点でグラベルロードにそっくりですが、競技志向が強い点が違います。

E-バイク～次世代のスポーツ自転車～

電動のスポーツ自転車であるE-バイク。欧米で急激に広まっている。

電動アシストつきのスポーツ自転車

E-バイクとは、電動アシスト機能が付いた、新しいタイプのスポーツ自転車です。ロードバイクタイプ、MTBタイプなど種類はいくつかあります。

価格は30万円前後からと、かなり高価ではあるのですが、近年、欧米を中心に大ブームになっています。あちらのMTBの大半は、すでに電動ユニットを搭載しているという話もあるくらいです。航続距離が200kmを超えるモデルも出ていますから、実用性はまったく問題ありません。

MTBタイプ

MTBタイプのE-バイク

MTBに電動ユニットを搭載したタイプ。MTBが苦手な舗装路や上りも楽に走れる。

ロードバイクタイプ

ロードバイクタイプのE-バイク

ロードバイクに電動ユニットを搭載。体力差があるパートナーとも一緒にサイクリングを楽しめる。

流行の理由は、体力差をカバーできるからでしょう。たとえば、70歳を超えたお年寄りがE - バイクに乗ってサイクリングを楽しんでいたりします。

体力差があるカップルや親子でも、E - バイクがあれば一緒にサイクリングを楽しめますから、コミュニケーション面でのメリットも大きいですね。

日本ではまだ少ないE - バイクですが、可能性には大きなものがあります。僕は、将来的にはすべてのスポーツ自転車に電動ユニットが乗るのではないかとさえ思っています。

欧米でE - バイク化の恩恵をもっとも受けているのがMTBです。電動ユニットがあれば、MTBが苦手な上りや舗装路の走行も楽になるからです。ロードバイクタイプのE - バイクも増えていますね。

小径車 ～とにかくコンパクト～

車輪が小さい小径車は、省スペース。折りたたみタイプならなおさらだ。

小径車

車輪が小さい小径車

車輪が小さいため、コンパクト。場所をとらないのが強みだ。

可愛いだけじゃない小径車

車輪が小さい小径車は、その可愛らしさが人気を集めているようですが、小径車は実用面でも優秀です。車輪が小さい分コンパクトなので、場所をとらないからです。室内に自転車を置いている方や、自動車に積みたい方にはお勧めです。

小径車には折りたためるタイプも多いのですが、折りたたみタイプならびっくりするほど小さくなります。電車に積んでサイクリングに出かけるのも、簡単ですね。

小径車にはデメリットもありま

折りたたんでコンパクトに

折りたためる小径車も

小径車には折りたためるタイプも多い。非常にコンパクトになるため、持ち運びに便利だ。

す。車輪が小さいので、走破性や安定性が少し落ちるのです。「走り」では本格的なスポーツ自転車にちょっと負けてしまうということですね。

具体的には、20～30㎞以上のロングライドは、少し厳しいかもしれません。また、スピードや、悪路の走破性でも他のスポーツバイクにはやや劣ります。

したがって、小径車は街乗り向きのスポーツ自転車だといえるでしょう。近所をゆっくり走ったり、遠くない職場への通勤には向いています。

とはいえ、小径車の愛らしさ、コンパクトさが何にも代えがたい魅力であることも事実です。特に折りたたみタイプの小径車は、運びやすさにかけては右に出るものがありません。

コラム

スポーツ自転車の進歩

僕が初めてスポーツ自転車を買ったのは中学生のときでした。

今のスポーツ自転車の大半は、アルミ製のフレームを採用しています。高級なモデルだと、カーボンフレームが主流です。いずれもとても軽いのが特徴です。

しかし、僕が中学生のころのスポーツ自転車のフレームは鉄でできていました。今の自転車よりもずっと重い素材です。

変速機はついていましたが、ギアの数は今よりずっと少なく、12段しかありませんでした。最新のロードバイクは24段ものギアを備えていますから、実に倍になっているということです。

しかも、今のスポーツバイクはハンドルの変速レバーで変速をする作りになっていますが、僕の時代の変速レバーは車体のフレームに装着されていました。だから、ハンドルから手を離さなければ変速できなかったのです。

もちろん、フレームやギア以外の性能も、今の自転車よりだいぶ劣っていたでしょう。

あれから30年以上が経ちましたが、その間に、スポーツ自転車は急速に進歩しました。僕の時代のトップモデルよりも、今の入門モデルのほうがずっと高性能です。

だから、今、スポーツ自転車を選ぶ人は幸せです。入門モデルでも、素晴らしい走りを見せてくれるのですから。

Part2

失敗しない スポーツ自転車の 選び方

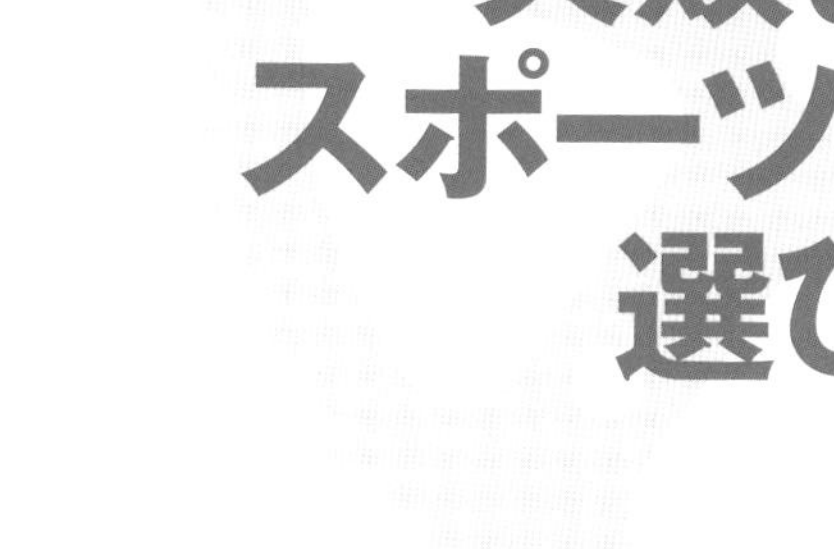

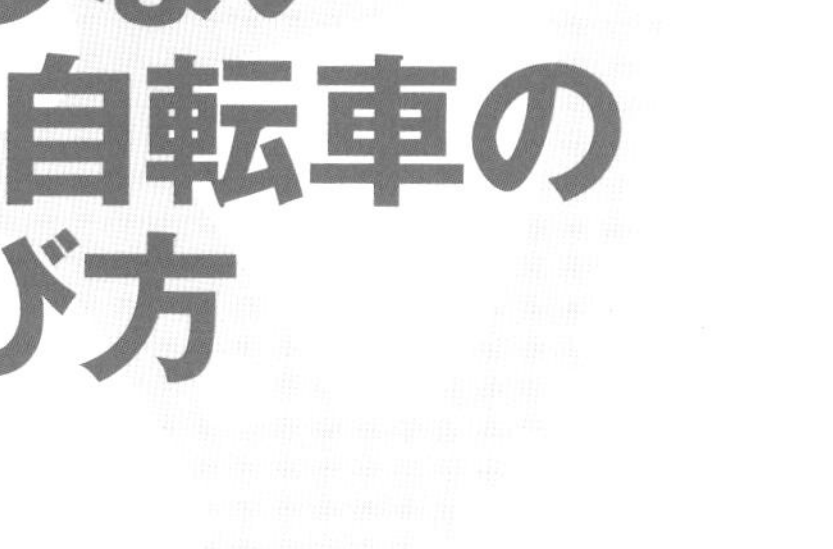

走る場所から逆算して選ぶ

スポーツ自転車選びのコツは、走りたい場所から逆算することだ。

舗装路か、未舗装路か

走る路面によって選べる車種は変わってくる。

まずは路面状態で選ぶ

ここまで見てきたように、スポーツ自転車にはたくさんの種類があります。どれを選ぶべきか、悩んでいる方も多いのではないでしょうか。

大丈夫。難しくありません。

まず、もっとも重要なのは、あなたが走りたい場所です。

舗装路か、それとも未舗装路か。

もし未舗装路を走りたいなら、グラベルロードかMTBを選ぶべきです。他の車種のほとんどは未舗装路を走れないからです。

逆に、舗装路しか走らないと決め

車種の決め方

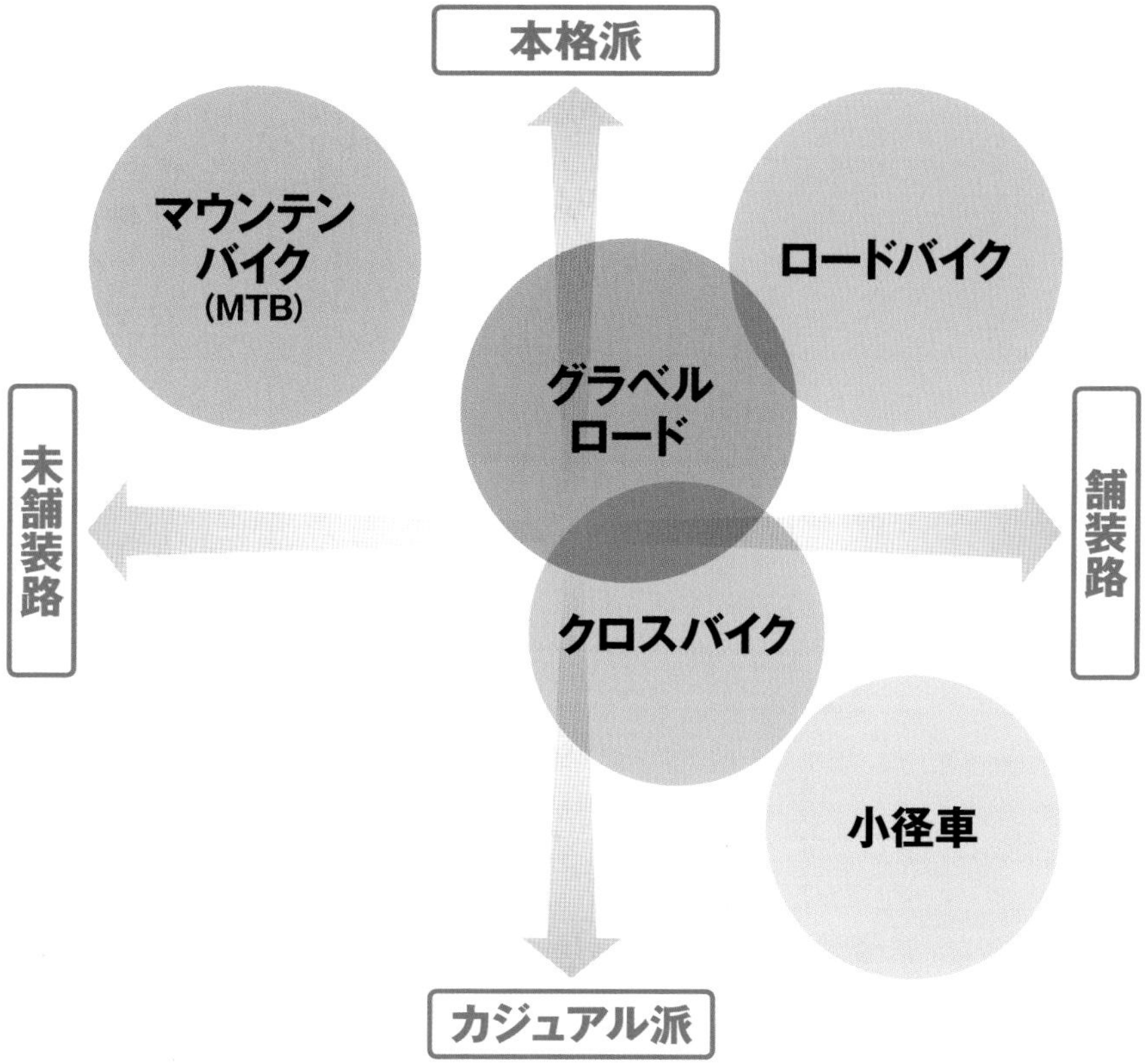
本格派
マウンテンバイク（MTB）
ロードバイク
グラベルロード
未舗装路
舗装路
クロスバイク
小径車
カジュアル派

ているなら、ロードバイクかクロスバイクを中心に選ぶのがお勧めです。

本格派か、カジュアルか

次に考えたいのは、「本格度」の違いです。

走る場所が舗装路ならロードバイク、未舗装路ならＭＴＢが、もっとも本格的です。長距離を走る能力やスピードでは、これらの自転車の右に出る車種はありません。専用のウェアを着たプロ選手たちが乗っているのもロードバイクやＭＴＢです。

しかし、もっと気軽に乗りたい方も多いでしょう。それほど長い距離は走らず、近所を普段着で走るだけなら、クロスバイクや小径車でも問題ありません。

通勤・通学ライドに向いた自転車

スポーツ自転車での通勤・通学。ハードルは低いが、意外な落とし穴も。

通勤・通学用自転車に必要なこと
・盗まれにくさ（高価すぎない）
・頑丈さ
・スーツや普段着で乗れること

通勤・通学ライド向きのスポーツ自転車

通勤や通学に使う自転車は、あまり高価なものは向いていない。

高価な自転車はさけたい

電車や車での通勤・通学を自転車にしてみよう、と思っている方は多そうです。渋滞知らずですし、健康的。いいことづくめですね。

「通勤・通学ライド」を具体的に考えると、おそらく、舗装路を片道10㎞～20㎞程度走る、というものでしょう。

このくらいならば、どの車種でもこなせます。クロスバイクや小径車でもまったく問題ありません。

しかし、ひとつ注意点があります。あまり高価なものだと、オーバースペックになる場合があるのです。

通勤・通学に向いた自転車は……

エントリークラスのロードバイク

10～20万円

◎

クロスバイク

7～15万円

◎

グラベルロード

10～30万円

◎

車種はあまり問われないが、高価すぎるものは避けよう

仮にあなたが超大金持ちだとしても、通勤時間を短縮しようとして150万円のロードバイクを選ぶべきではありません。たしかにものすごく速いかもしれませんが、普段着では乗れませんし、専用のシューズも必要です。

なにより、盗難リスクが怖い。後で詳しく解説しますが、高級自転車には盗難の危険性がつきまといます。それから、通勤だと多少ラフな使い方もすると思うので、繊細な高級ロードバイクは向きません。

したがって、お勧めはあまり本格的ではない、入門～中級クラスのスポーツ自転車です。クロスバイクか、入門クラスのロードバイクがいいのではないでしょうか。未舗装路は走らないと思いますが、頑丈さを重視するならグラベルロードもいいですね。

サイクリングを楽しむための自転車

趣味のサイクリングを楽しみたいなら、性能を重視して選ぼう。本格的なスポーツ自転車が視野に入ってくる。

ロングライドにも快適なロードバイク

前傾姿勢や細いタイヤ、独特のハンドルなどは、どれも長距離を快適に走るための装備。「走る」ことを目的にするなら、実はロードバイクはとても快適な乗り物だ。

ロードバイクが第一候補

通勤・通学ではなく、楽しむためのサイクリングを目的にスポーツ自転車を買うなら、選び方はまったく変わってきます。

通勤・通学では乗ることは手段ですが、趣味のサイクリングは乗ることが目的です。だから、「自転車に乗った状態」を前提に考えてください。乗り降りのしやすさや盗難リスクよりも、スポーツ自転車としての性能を優先して選びましょう。

となると、舗装路のサイクリングが目的なら、何といってもロードバ

サイクリングに向いた自転車は……

ロードバイク

10〜100万円

◎

グラベルロード

10〜30万円

◎

MTB

10〜80万円

○

妥協せず、本格的なスポーツ自転車を選ぼう。走る道が舗装されているかどうかは重要なポイントだ。

イクが第一候補です。

段差に弱い細いタイヤも、普段着に向かない前傾した乗車姿勢も、不思議な形をした「ドロップハンドル」も、いずれも「速く」「遠くへ」「快適に」走るためには欠かせないものです。長い距離を走ろうとしたら、これらロードバイクの特性が、すべてプラスの要素に転じるでしょう。

逆に、変に妥協をしてクロスバイクや小径車を選んでしまうと、最初は楽しいと思いますが、後で不満が出てくるかもしれません。思い切って本格的なスポーツ自転車を選ぶべきです。

未舗装路も走りたいならグラベルロードを、山道など未舗装路がメインならMTBがいいでしょう。

旅に向いた自転車

せっかくスポーツ自転車を買うなら、自転車旅もしてみたい。注意したいのは、自転車に積む荷物の量だ。

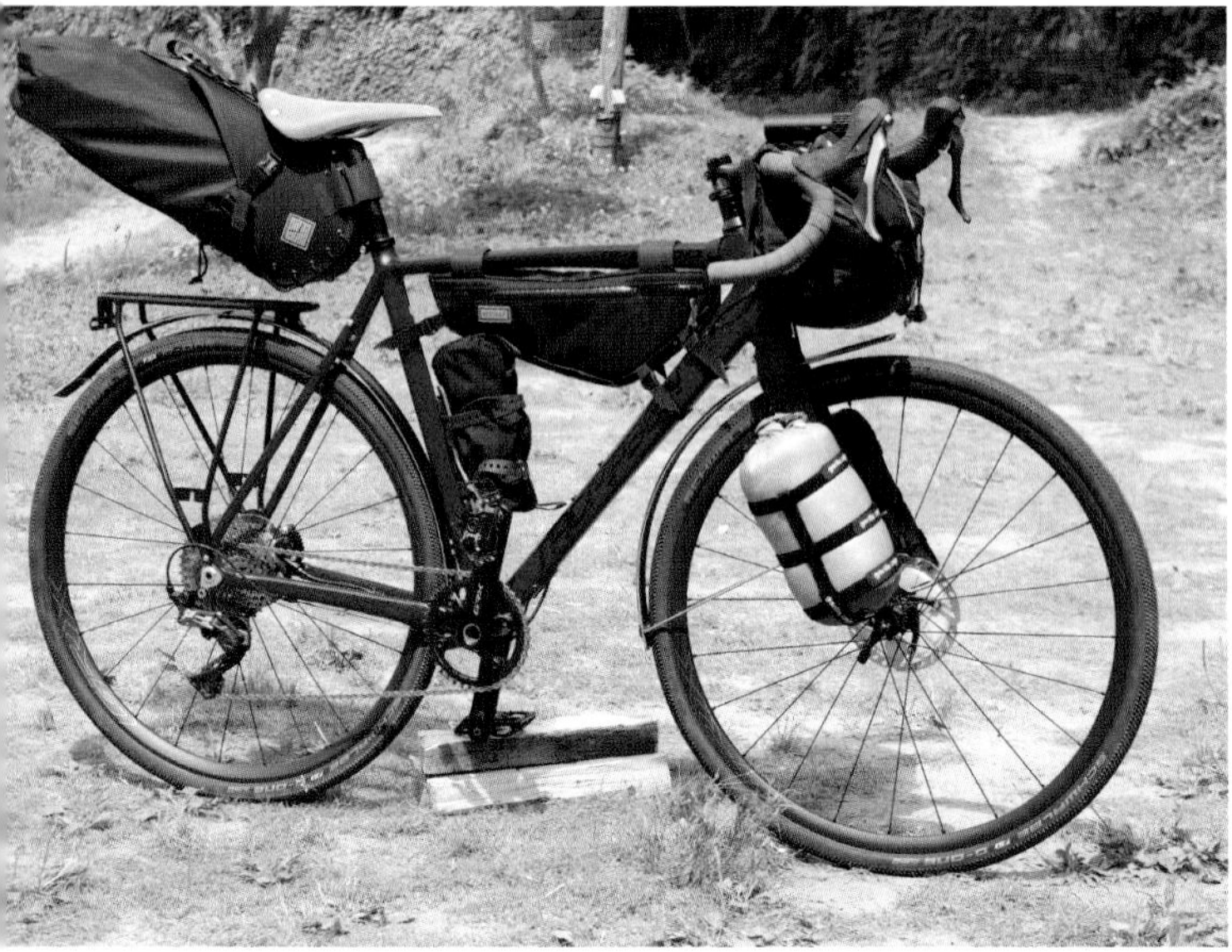

自転車で旅をする

旅は自転車のだいご味のひとつ。写真は、荷物を装着した旅仕様のグラベルロード。テントや寝袋も積んでいる。

移動する楽しみ

テントや寝袋を積んだ本格的な自転車旅から、ホテルに1、2泊する程度の気軽なものまで幅はありますが、スポーツ自転車を手に入れたらぜひ旅をすることをお勧めします。

自転車は車や新幹線のように密閉されませんし、スピードも遅いので、その土地を全身で満喫しながら移動できます。匂いや湿度の変化も感じ取れますし、道端に咲く花だってよく見えるでしょう。

旅の手段を自転車にすれば退屈になりがちな移動が積極的な楽し

旅に向いた自転車は……

荷物の積みやすさを考えるとグラベルロードが向いているが、身軽な旅ならロードバイクでもOKだ。

グラベルロード

10～30万円　◎

ロードバイク

10～100万円　○

クロスバイク

7～15万円　△

みになります。

長距離を走るのですから、自転車旅に向いた車種は本格的なスポーツ自転車ですが、選ぶときに注意したいのは荷物の積みやすさです。

リュックサックなどで荷物を身に着けるのは、体への負担が大きいのでお勧めできません。自転車に積みましょう。

しかし、ロードバイクは大量の荷物には対応していないことがあります。レースを意識したモデルほど、そうです。F1カーが旅に向かないのに似ていますね。

そこでお勧めなのがグラベルロード。旅向け自転車の需要に応えるためか、荷物を積みやすいタイプが多いのです。テント泊など本格的な旅を考えているならグラベルロードがいいでしょう。

スポーツ自転車の作り

スポーツ自転車の基本的な作りと主要なパーツの名称を確認しよう。

ハンドル
「ドロップハンドル」と呼ばれる独特の形が多いが、ママチャリに近いフラットハンドルのこともある。
変速機を兼ねたブレーキレバー
ロードバイクでは、ブレーキレバーが変速機を兼ねていることが多い。
ブレーキ
近年はディスクブレーキが主流になっている。
フォーク
前輪を固定するパーツ。キャリアを装着できるモデルもある。MTBではサスペンションが装備されることも。

基本的な作りは共通

スポーツ自転車の構造は、基本的にはどれも一緒です。ママチャリとも大きくは変わりません。

もっとも重要なパーツが、フレームです。三角形を2つ組み合わせた形のフレームに、ハンドルや車輪を付けたのがスポーツ自転車だといっていいでしょう。

ロードバイクのフレームは軽さや空力を重視し、MTBのフレームは頑丈さを優先しています。フレームは、自転車の性格を決める部分です。

さまざまなスピードに対応する

サドル
お尻を支えるサドル。ママチャリのようにどっかりと座ることはない。
フレーム
三角形を2つ組み合わせた形になっているフレーム。自転車の性格はフレームで決まる。
ホイール
ホイール(車輪)。車輪の大きさは、どのスポーツ自転車でもほぼ変わらない。車輪が大きいほど安定性、走破性は高い。
変速機
ディレーラーともいう。歯数が異なるギアにチェーンを移動させることで変速する。

ためにに変速機がついているのもスポーツ自転車の特徴です。変速するためのレバーはハンドルに装着されているため、ハンドルを持ったまま変速することができます。特にロードバイクは変速レバーがブレーキレバーと一体化しているのが特徴です。

お尻を乗せるサドルと、ハンドルの位置関係を見てください。サドルがとても高いのがわかりますか？サドルが高くてハンドルが低い、つまり乗り手が前傾することは、スポーツ自転車とママチャリとの大きな違いです。ただし、どれだけ前傾するかは車種によって大きく変わりますし、自分で調整することもできます。

構造がシンプルであるだけに、ちょっとした違いが乗り味に大きな差を生むのが自転車の特徴です。

自転車の「サイズ」を確認しよう！

スポーツ自転車には、服のように「サイズ」がある。サイズが合わない自転車には乗れないから注意。

上体は倒れすぎず、
起きすぎない。
肘が伸び切らず、少
し腕に余裕がある。

体格に合ったサイズの自転車を選ぶ
スポーツ自転車にはサイズの違いがあるため、体格に合ったサイズを選ばなければいけない。

服や靴のようにサイズ展開がある

スポーツ自転車には、サイズがあります。同じメーカーの同じ車種でも、最低でも3つくらいは異なるサイズが用意してあります。ハイエンドのロードバイクでは、10段階近いサイズがある場合も珍しくありません。

ママチャリはサイズの違いを気にせずに乗れたかもしれませんが、スポーツ自転車では、体格に合わないサイズのモデルには乗れません。サイズ選びは避けては通れないのです。

靴に例えるとわかりやすいでしょ

スポーツ自転車の「サイズ」

スポーツ自転車のサイズは、水平換算したトップチューブの長さで表すことが多い。

身長とフレームサイズの目安

身長	水平換算したトップチューブ長さ
150〜160㎝	480㎜
155〜165㎝	490㎜
160〜170㎝	500㎜
165〜175㎝	510㎜
170〜180㎝	530㎜
175〜185㎝	550㎜

う。

ママチャリはサンダルのようなものです。遠出をすることはないので、足にぴったりフィットしなくても問題ありません。だからサイズ展開がなくて、「フリーサイズ」のみの1種類だったりしますよね。

ですが、スポーツ自転車は決してサンダルではありません。ランニングシューズだと思ってください。足にぴったりフィットしないと、豆ができたり、こすれて痛みが発生したりします。だからサイズ展開も細かいのです。

スポーツ自転車のサイズは、通常、上の写真のように「水平換算のトップチューブ長」で測ります。しかし、メーカーＨＰなどに身長に合ったサイズが記載されている場合が多いので、覚える必要はありません。

ロードバイクの選び方

スポーツ自転車を代表するロードバイクは、種類も価格も幅が広い。用途や目的を見極めて買おう。

競技志向のロードバイクの特徴
細めのタイヤ
クイックさを重視
低めのハンドル

前傾姿勢が深くなるようにハンドルの位置が低め。また、タイヤは細い。

ロードバイクには2種類ある

さて、まずはスポーツ自転車の代表格であるロードバイクの選び方ですが、実は非常に難しいのです。

というのも、ロードバイクはとても多様だからです。46ページで扱うグラベルロードを除いても、大きく2種類、レースなど競技志向のロードバイクと、ロングライド志向のロードバイクとに分かれています。

競技志向のロードバイクは、タイヤが細いことと、空気抵抗を減らすために乗り手の姿勢が前傾するポジションになっていることが特徴で

ロングライド志向のロードバイクの特徴

姿勢が楽になるよう、ハンドルの位置は高め。また、タイヤは太めだ。

す。いかに速く走るかを追求しているのですね。

いっぽう、ロングライド志向のロードバイクはタイヤが太めで、乗り手の姿勢もやや起きるようになっています。スピードよりも快適さを重視しているわけです。もっとも、レースでロングライド用のロードバイクを使う選手がいる程度には速いのですが、競技志向のロードバイクよりも初心者に向いているといえるでしょう。

見分け方のコツは、タイヤを見ることです。25㎜前後のタイヤ（「25c」と表記します）が付いていたら、それはおそらく競技志向のモデルです。しかし30㎜前後のタイヤが付いていたら、ロングライド志向のはずです。

グラベルロードの選び方

未舗装路も走れる上、自転車旅にも向いているグラベルロード。スポーツ志向の初心者にはお勧めだ。

ブロックタイヤ

タイヤの表面に滑り止めのためのブロックがついている。

タイヤが多様なグラベルロード

あまり用途が明確になっていない方にはグラベルロードがお勧めです。どんな道も走れますし、荷物も積みやすい。ポジションも競技志向のロードバイクより楽であることが多いので、その点でも初心者向きです。

ロードバイクほど種類が多岐にはわたっていないので、予算やデザインの好みで選んでしまってよいでしょう。

ただ、それでもチェックしていただきたいポイントはあります。ひとつはタイヤです。ロードバイ

キャリアを増設できるダボ穴

旅を意識したモデルは、後でキャリア(荷台)をつけられるダボ穴を設けていることが多い。

クのときと似ていますが、走る場所と強い関係にあるタイヤを見ると、その自転車の設計意図がよく理解できるからです。

グラベルロードのタイヤは基本的に40㎜前後とロードバイクよりずっと太めで、かつ未舗装路でも走れるよう、滑り止めのブロックが付いたブロックタイヤです。

タイヤが太いほど、またブロックが大きいものほどオフロード志向が強めですし、その逆も然り。

ですから、どの程度オフロードを走るかどうかで選ぶ自転車は変わります。

自転車旅を考えている方は、後で荷物を積むキャリアを増設できるダボ穴(ねじ穴)の数もチェックしてください。ダボ穴が多いモデルほどキャリアを付けやすく、旅向きです。

クロスバイクの選び方

クロスバイクは、より気軽に乗りたい初心者向き。大きく2種類に分かれている。

舗装路を意識したクロスバイク
細いスリックタイヤ
軽いフレーム
低めのハンドル

タイヤは細めで、ブロックがない「スリックタイヤ」。ハンドルの位置も低く、ロードバイクに近い。

舗装路向きのモデルとMTB寄りのモデル

クロスバイクは気楽な街乗りに向いている自転車です。価格も、10万円を大きく下回るものから用意されていますから、お手軽でもあります。

ただ、あくまで普段着の街乗りを意識した車種ですから、本格的なロングライドや自転車旅にはあまり向いていないことは念頭においてください。イメージとしては、「自分がスポーツ自転車に何を求めているか」を見極めるきっかけになる車種、という感じでしょうか。

未舗装路も走れるクロスバイク

タイヤは太めのブロックタイヤになっている。ポジションも操作性を重視して、ハンドルがやや高めだ。

選ぶ際に注意したいのは、クロスバイクも大きく2種類に分かれている点です。

2種類とは、舗装路を走ることだけを想定したモデルと、多少は未舗装路も走れるモデルです。ロードバイク寄りのモデルとグラベルロード寄りのモデルが混在しているといってもいいですね。

見分け方は、ここでもタイヤです。タイヤが細く、ブロックがない「スリックタイヤ」なら、それは舗装路専用モデルです。

しかしタイヤがブロックタイヤだったり、サスペンションが付いていたりしたら、未舗装路を走ることも想定したモデルです。ただし、MTBほどの走破性はありませんので、そこはご注意を。

MTBの選び方

荒れた道を走りたいなら、MTBを選ぼう。ただし、車輪の大きさには注意したい。

悪路を走るのに特化したMTB

MTBの、悪路を走る能力は圧倒的だ。

車輪の大きさが変化してきたMTB

荒れた道の走破性ならMTBの右に出る自転車はありません。

グラベルロードも未舗装路を走れはしますが、あくまでグラベルくらいまでです。極太のブロックタイヤにサスペンションを装備し、泥道を走ったり、時には崖から飛び降りてしまう（真似はしないでくださいね！）MTBにはかないません。悪路をメインに走りたいなら、迷わずMTBです。

注意したいのは、車輪（ホイール）の大きさに種類がある点です。

悪路を走るための機構

ホイールのサイズ（直径）は、29インチのモデルと27.5インチのモデルが混在している
頑丈なフレーム
持ちやすいフラットハンドル。操作しやすいよう、位置も高い
非常に太いブロックタイヤが装着されている
衝撃を吸収するサスペンション

頑丈なフレーム、サスペンション、極太のブロックタイヤなど悪路を走るための工夫が詰め込まれている。

長年、直径が26インチの車輪が主流だったMTBですが、2010年くらいからは走破性に優れる29インチの車輪が増え始め、近年は26インチと29インチの中間（?）である27・5インチの車輪が増えてきました。

今、店頭に並んでいるMTBには27・5インチのものと29インチのものが混在しています。走破性や安定性なら29インチの車輪が優れているのですが、一般的な日本人の体格には少し大きすぎると思います。27・5インチがいいでしょう。

もっとも、自転車のサイズによって、付ける車輪のサイズを変えているメーカーも多いようです。小さめのサイズには27・5インチ、大きめのサイズには29インチの車輪、という具合です。だから、サイズ選びは非常に大事です。

空気入れは、気圧計付きのものを

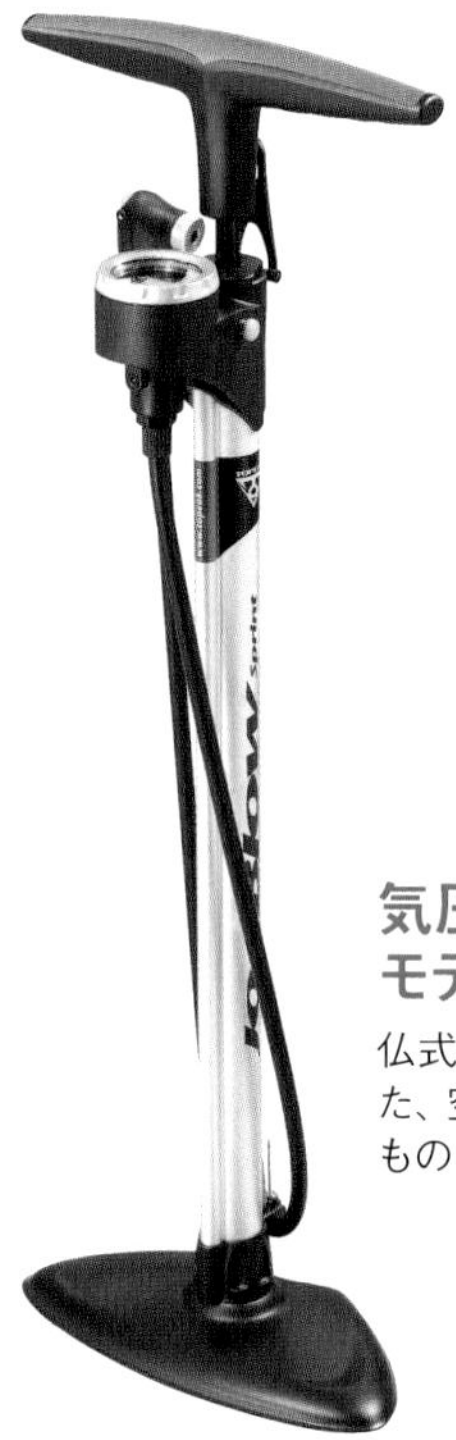

気圧計付きのモデルを選ぶ

仏式バルブに対応した、空気圧計付きのものを選ぼう。

乗り味に影響する空気圧は非常に重要

スポーツ自転車にとって空気圧はとても重要です。タイヤは車やオートバイほど気密性がないので、1週間も経つと空気がかなり抜けてしまうからです。また、空気圧は乗り味にも影響します。

スポーツ自転車のタイヤのバルブは、ママチャリとは異なり、「仏式（フレンチバルブ）」という形式です。仏式に対応したスポーツ自転車用の空気入れを選んでください。

また、できれば気圧計付きのものを買いましょう。空気圧管理には気圧計が欠かせません。

家に置く空気入れとは別に、携帯用の小型空気入れも買いましょう。パート3で解説しますが、出先でのパンク修理には必須です。今の携帯空気入れはびっくりするほど小さくなっています。車体に装着できるモデルも多いので、邪魔にはなりません。

ライトは前後に付ける

前照灯とテールランプ

前照灯と、赤いテールランプ。どちらも自動車に存在をアピールできる。

ライトは存在をアピールするため

ライトも、必ず買いましょう。夜に走る方なら必要であることはいうまでもありませんが、ライトには、車に対して自分の存在をアピールする意味もあるからです。できれば日中でもライトはつけてください。

道路を照らす前照灯とは別に、自転車の後ろに付けて後続の車にアピールするテールランプもあったほうがいいでしょう。

自転車用の前照灯には点滅モードがついていることが多いのですが、夜間に点滅モードだけで走るのは道路交通法上NGです。必ず点灯した状態にしてください。それから、テールランプ用の赤色灯を前向きにつけるのもダメです。

ライトは前後合わせても数千円で買えますが、車からはよく見えます。安全のための投資としては格安ではないでしょうか。

チェーンには定期的に注油する

チェーン用のオイル
一滴ずつさすタイプと、スプレータイプとがある。

注油で走りが軽くなる

チェーン用のオイルも必需品です。

主にママチャリに乗ってきた方は注油する習慣がないかもしれませんが、自転車のチェーンは定期的な注油が欠かせません。

オイルが切れると走りが重くなりますし、本来なら4000㎞近くあるチェーンの寿命が短くなってしまいます。最悪の場合はさびてしまいますが、こうなったらチェーンを交換するしかありません。

注油のタイミングは乗る頻度によります。通勤などで毎日乗るなら、週1回は注油したいですね。たまにしか乗らない方は、乗る前には忘れずに注油しましょう。

注油のしかたはパート3で解説します。

粘度が低いサラサラしたオイルは走りが軽いのですが、長持ちしません。面倒がらずに頻繁に注油できる方向けです。

命を守るヘルメット

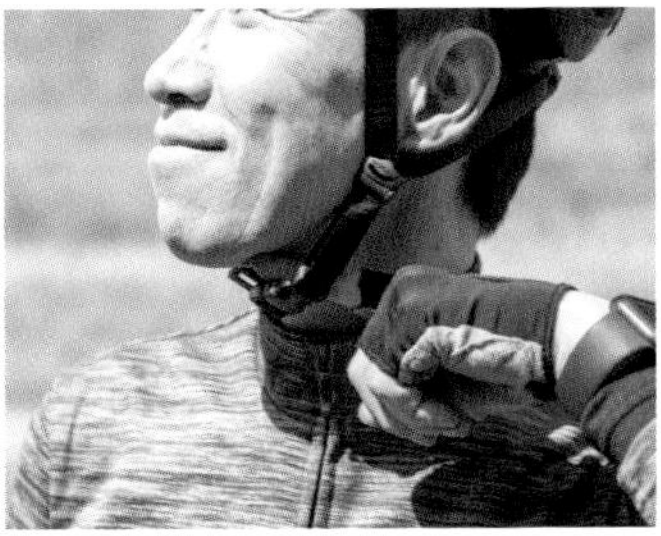

顎ひもはしっかり締める

指一本が入るくらいまで顎ひもを締める。ゆるくならないよう注意しよう。

頭部のケガを防ぐ

致命傷の過半数は頭部のケガ。ヘルメットをすれば、命を守れる可能性が大きく増す。

バックルも締める

多くのヘルメットはワンタッチで締め付け力を変えられる。しっかり締めることで安全性が増す。

とても軽く涼しいヘルメット

法律上はヘルメット着用は義務化されていませんが、必ずかぶってください。なぜなら、あなたの命を守るからです。

警察庁のデータによると、自転車乗車中の死者の致命傷のおよそ60%は頭部に集中しています。

ということは、裏を返すと、ヘルメットで頭さえ守れれば致命傷のリスクを大幅に減らせるということです。

自転車用のヘルメットはわずか200~300g程度とオートバイのヘルメットの10分の1くらいの重さしかなく、しかも空気を通すベンチレーションがたくさん空いているので、かぶっていることを忘れてしまうくらい快適です。

どう考えても、あなたの命には200g以上の重さがあるはずです。絶対に、かぶってくださいね。

アイウェアも忘れない

日差しや虫から目を守る

サングラスとしての機能の他に、目を風や虫から守る意味もある。

サングラスとは限らない

後回しにされがちですが、意外と重要なのがアイウェア(サングラス)です。

日差しから目を守るだけではありません。スポーツ自転車は50CCの原付バイク並みのスピードが出ますから、風や虫から目を守らなければいけないのです。

特に、虫はかなり危ないんです。ロードバイクのようなスピードが出る自転車に乗っているときにカナブンなどに当たると、すごく痛いですよ。もし目に当たったら……考えるだけで恐ろしいですね。

ロードバイク用アイウェアは20～30g前後と極めて軽量ですし、価格も1万円を切るくらいから用意されています。とりあえずひとつ、買っておきましょう。

サングラスと書きましたが、アイウェアは必ずしもサングラスとは限りません。夜に走る方ならクリアレンズもいいと思います。僕もクリアレンズは好きですね。

転ばぬ先のグローブ

転んだときに手を守る

転倒時には手をつくことが多いが、グローブがあれば擦過傷を防げる。

安価だが転倒時に手を守る

自転車にグローブ？　と思われるかもしれませんが、これもほぼ必須アイテムです。

決して高くありません。安価なものなら2000円くらいからありますから、ぜひ買っていただきたい。メリットが多いんです。

まず重要なのが、転んだときに手を守ってくれること。自転車で転ぶと手をつくことが多いのですが、グローブがないと手のひらがズタズタになってしまいます。

手の擦過傷は命にはかかわりませんが、非常に痛いですし、日常生活への影響が極めて大きい。手を使わない仕事なんてありませんからね。だから、グローブも買ってください。

振動を緩和するクッション入りのモデルなら、ロングライドも楽になります。地味ですが効果が大きいのがグローブです。

スポーツ自転車に乗る際は何を着る？

ウェアはライド中の快適さに直結する。カジュアルで着やすいウェアも増えている。

自転車専用ウェア

専用メーカーから出ている、自転車に乗るためのウェア。快適に走るための工夫が詰まっている。

専用ウェアの威力

短距離の街乗りならば、スポーティな普段着でも問題ないでしょう。しかし、30分以上乗るならば、専用のウェアをお勧めします。快適さが段違いだからです。

専用ウェアといっても、ツール・ド・フランスの選手たちが着ているような本格的なものでなくて大丈夫（あれはあれで素晴らしいのですが）。上の写真で僕が着ているような、カジュアルなものでいいでしょう。

一見、よくある動きやすい服のようですが、これは自転車専用ウェアで

自転車専用ウェアの特徴

背中側の裾が長く、前傾しても背中を隠してくれる
背中には、携帯空気入れやスマートフォンを入れるポケットが２〜３つ用意されている
専用パンツには、お尻の圧迫を和らげるパッドが内蔵されている

自転車に乗っているときの姿勢に特化したウェアだ。

す。自転車に快適に乗るためのさまざまな工夫が凝らされています。

上着の、背中側の裾が少し長いことがわかるでしょうか。スポーツ自転車に乗ると上半身が前傾するので、あらかじめ背中側が長くなっているのです。普通の服装で乗ると、背中が出てしまいます。

また、背中には小物を入れるポケットがついています。プロ選手はレース中に食べる補給食を入れていますが、スマートフォンや小銭入れなどを入れると便利ですよ。

パンツにもとても重要な機能があります。それは、お尻の部分に内蔵されたパッド。パッドにより、長時間乗ってもお尻が痛くならないのです。特にロードバイクのサドルはパッド入りパンツを前提にしているため、専用パンツは欠かせません。

ビンディングペダルにチャレンジ

シューズをペダルにはめるビンディングペダルはとても効率的で、安全でもある。

シューズをペダルにはめる

シューズをペダルと一体化するビンディングシステム。足を引き上げるときにも推進力を得られる。

足がペダルと一体化する

ロードバイクに乗る人のほとんどは、シューズをペダルに「カチッ」と装着できるビンディングペダル＆シューズを使っています。

足とペダルを一体化させると聞くと怖い印象を受けるかもしれませんが、ビンディングペダルは足を軽くひねるだけで外れる構造になっているため、ちょっと練習すれば信号待ちなどでもまったく問題ないでしょう。むしろ、ビンディングペダルに慣れると、足を乗せるだけのフラットペダルのほうが不安定で怖く感

スポーツ自転車向きのペダルの例（シマノの場合）

SPD-SL

クリートが大きく力を逃さないが、靴底から露出するので歩きづらい。ロードバイク向き。

SPD

クリートが靴底から露出しないので歩きやすい。MTBやグラベルロード向き。

ビンディングシューズ

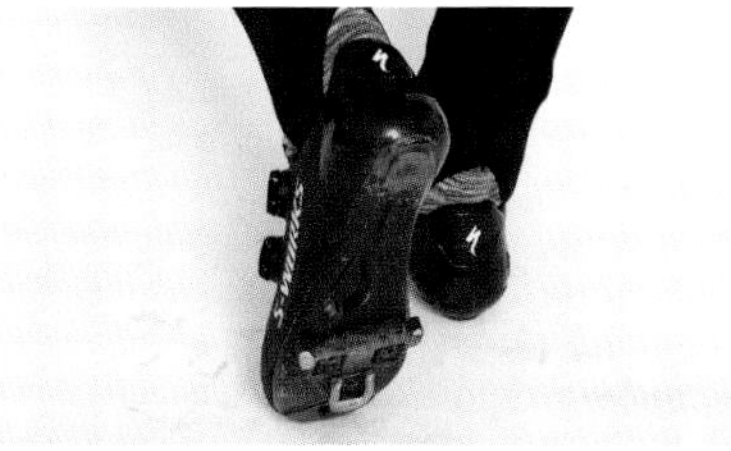

ビンディングペダル用のシューズ。靴底のクリートをビンディングペダルにはめる構造だ。写真はSPD-SL用のクリート。

フラットペダル

普通のスニーカーなどで乗れるペダル。スポーツ自転車向きのものは、ピンが靴底に食い込み、すべらないようになっている。

じるかもしれません。

ビンディングペダルを使うと、360度どの位置でもペダルに力を加えられますから、効率的です。通常のフラットペダルでは、ペダルを踏むときにしか推進力が得られません。

ビンディングペダルはいずれもシューズの靴底にある「クリート」をペダルにはめる構造になっていますが、クリートが靴底から露出せず歩きやすさを重視した「SPD」と、固定力を優先してクリートが靴底から出た「SPD・SL」の2種類があります。初心者はSPDから使いはじめるのがいいでしょう。

ビンディングではないフラットペダルも、スポーツ自転車向けの製品は、ピンがしっかりと靴底に食い込むようになっています。

ロックで愛車を盗難から守る

ワイヤー式ロック
車輪を固定するだけでなく、車体を地上の接地物につなぎとめることができる。

自転車を固定できる長いものを選ぶ

ロック（鍵）も、絶対に必要なものです。スポーツ自転車には、残念ながら盗難がつきものですから。もちろんロックをしても盗まれるときは盗まれますが、リスクは大幅に減らせるでしょう。

ロックにはいくつか種類がありますが、ワイヤー式の長めのものがお勧めです。自転車を、地上に設置されたものに固定できます。

短いワイヤーロックで車輪を動かないようにしてもいいですが、スポーツ自転車は軽いので、ひょいっと持っていかれてしまうおそれがあります。重さとのトレードオフにはなりますが、長くて太いものほど、盗難リスクは減るでしょう。

2つのロックを併用すると、さらに安全になりますね。1つは後輪と車体、もう1つは前輪と車体を固定物につなぎ止める、など。ただ、どんなに頑丈なロックをしても、長時間自転車を離れるのは危険です。

携帯したいパンク修理キット

パンク修理に必要なもの

タイヤを外すタイヤレバー、新品のチューブ、携帯空気入れ。これだけでパンク修理は可能だ。

出先でのパンクを修理する

スポーツ自転車にはパンクのリスクがあります。走る場所にもよりますが、路上のゴミなどを避けて慎重に走っていても、数千キロに1回くらいはパンクしてしまうかもしれません。

しかし、現地でのパンク修理も簡単なので心配しないでください。穴が空いたチューブを取り出して新品に交換し、携帯空気入れで空気を入れるだけで修理は終了です。

そのために欠かせないのが、タイヤを外すタイヤレバーと予備のチューブ、そして携帯空気入れです。どれも小さいですし、特に携帯空気入れは背中のポケットに入るくらいのサイズですから、サイクリングの邪魔にはなりません。

タイヤレバーは最低2本、できれば3本あるといいでしょう。

パンク修理のやり方は、パート3で説明します。

コラム

勢いで買う？ 悩んで買う？

そろそろ、買う自転車は決まりましたか？

僕の観察では、モノを買うときの姿勢は２パターンに分かれるようです。徹底的に調べ抜いてから買う人と、直感と勢いで「えいっ」と買う人と。ちなみに僕は後者です。

僕が直感型だからこう書くわけではありませんが、スポーツ自転車に関しては、勢いというか、感性がとても大事です。ビビッと来たら買ってしまいましょう。たぶんその自転車とは相性がいいはずです。

もちろんじっくりと調べるのもいいのですが、スポーツ自転車は、知識だけで100％の正解にたどりつくのは難しいのです。買って、実際に乗ってみてはじめて理解できることが多いからです。

裏を返すと、どんな自転車にもいいところがあるともいえます。だから、直感で選んでも大失敗はないと思いますよ。

それに、Part５で解説しますが、スポーツ自転車はカスタムの余地が大いにあります。

だから、悩むのも大事ですが、買ってからの付き合いはもっと重要なのです。

次のPart３からは、スポーツ自転車を買ってからの、自転車との付き合い方を解説します。買ってからが本番なんですよ。

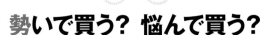

Part3

簡単！ 快適メンテナンス

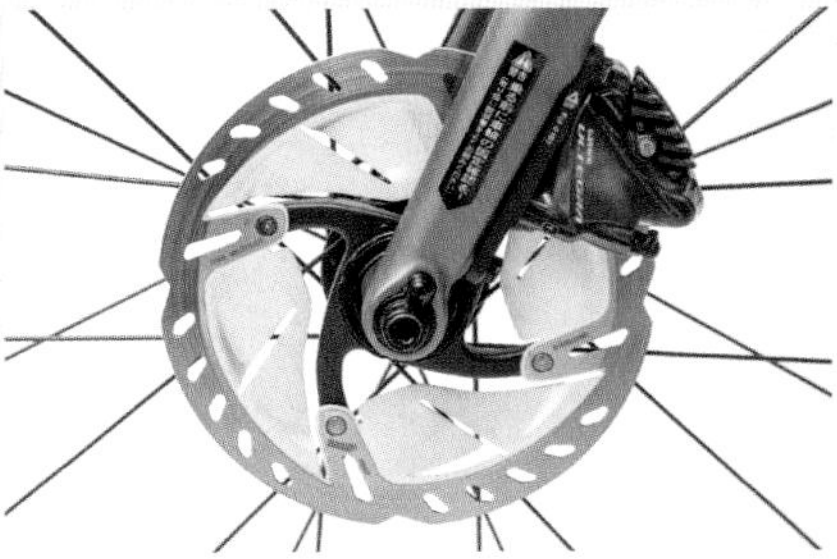

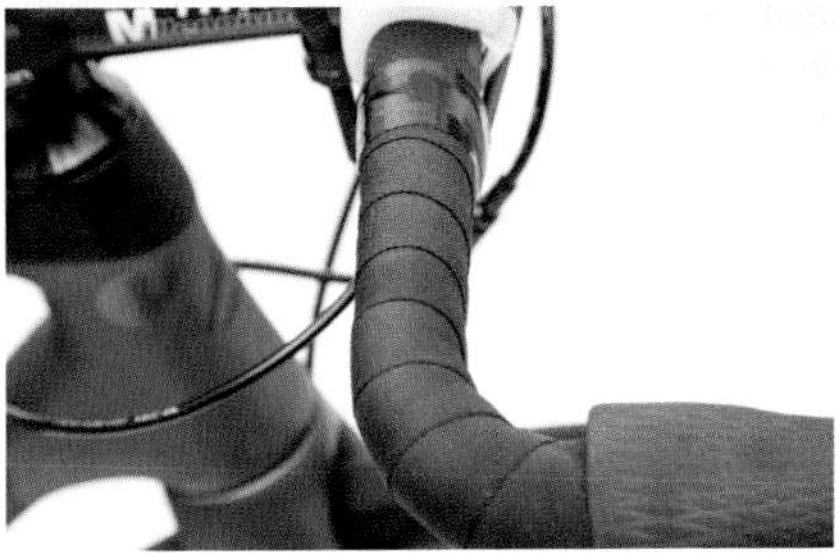

スポーツ自転車にはメンテナンスが欠かせない

スポーツ自転車には、定期的なメンテナンスが必須だ。自転車は、メンテナンスをしてはじめて性能を発揮する。

日常的に行いたいメンテナンス

- □ タイヤの空気圧管理
- □ 拭き掃除
- □ チェーンの清掃
- □ チェーンへの注油
- □ 異音、ゆるみのチェック
- □ 消耗品の確認

タイヤの空気圧管理と、チェーンへの注油がもっとも基本的なメンテナンス。その他に、異音をチェックするなどして自転車に異常がないかの確認も行いたい。

生き物だと思って付き合おう

スポーツ自転車は、馬に似ています。世話をしないと機嫌を損ね、最悪、死んでしまうことだってあるでしょう。しかし、きちんと世話をしていれば、飼い主であるあなたになつき、素晴らしい走りを見せてくれます。

車検がない自転車ですが、メンテナンスは必須です。メンテナンスフリーではありません。この点はしっかり覚えておいてください。

とはいえ、すべてのメンテナンスをご自身で行うのは難しいでしょ

ショップで行うメンテナンス

- □ ワイヤー、ブレーキオイルの交換
- □ タイヤの交換
- □ ブレーキローターの交換
- □ ブレーキパッドの交換
- □ バーテープの交換
- □ チェーンの交換
- □ 摩耗したギア類の交換

スポーツ自転車には消耗品が多いが、それらの交換はプロショップに任せよう。頻度は乗り方にもよるが、1〜3年に1回ほどだ。

う。特殊な工具や知識が必要な大掛かりなメンテナンスは、プロショップに任せるべきです。

しかし、日常的なメンテナンスは自分でできます。そして、日常的なメンテナンスをしっかり行うことこそが、気持ちよく自転車に乗るポイントなのです。

上に、自分でできる日常的なメンテナンスと、ショップで行うべき大掛かりなメンテナンスをまとめました。大掛かりなメンテナンスは1〜2年に1回くらいですが、日常のメンテナンスは、できれば乗るたびに行ってください。このパートでは日常的なメンテナンスの方法を紹介します。

簡単！拭き掃除

メンテナンスの基本は拭き掃除。愛車をきれいにするだけではなく、異常のチェックも兼ねている。

ひっくり返すと拭きやすい

用意するもの

- □水拭き用の布やウエス
- □油汚れ用の布やウエス

❶硬く絞った布で汚れを落とす

使い古しのシャツやウエスなどを濡らし、硬く絞ったもので汚れを拭く。

❷タイヤも拭く

タイヤも同じように拭いていく。表面の砂などを落とす。

ひっくり返すのがポイント

まずはもっとも基本的なメンテナンスである拭き掃除から。

まあ、メンテナンスというほどのことではないかもしれませんが、愛車はいつもきれいにしてやってください。僕が高校を辞めて、選手になるために「自転車留学」したフランスでは、みな、いつも自転車をきれいにしていました。高い自転車に乗っている人は少なかったんですが、マナーみたいな感じです。

コツは、自転車を逆さまにした状態で拭くこと。ひっくり返したスポ

❸タイヤをチェック

タイヤを拭き終わったら、異物などが刺さっていないか表面をチェックする。

❹車体をひっくり返す

拭き終わったら、車体をひっくり返し、左右のハンドルとサドルの３点で自立させる。

❺裏側を拭いていく

上からでは見えなかった裏側も拭いていく。ギア周りなどの油汚れは、油汚れ用の布で拭く。

ーツ自転車は、上の写真のように、サドルと左右のハンドルの3点で自立するんです。こうすると見えにくい裏側もきれいに掃除できるので、覚えておいてください。

基本的には使い古しのTシャツやウエスを軽く湿らせて汚れを拭いていくだけですが、チェーン周りなどの油汚れを拭く布と、そうでない場所を拭く布とは分けてください。分けないと油汚れが広がってしまいます。

拭き掃除は車体の異常の確認も兼ねています。タイヤなどもしっかり拭きながら、異物などが刺さっていないかチェックしましょう。

慣れれば2、3分で終わる作業ですから、乗った後の習慣にしたいですね。

タイヤの空気圧を管理する

スポーツ自転車のタイヤの空気は抜けやすい。週に1度は空気を入れよう。

クリンチャータイヤの構造

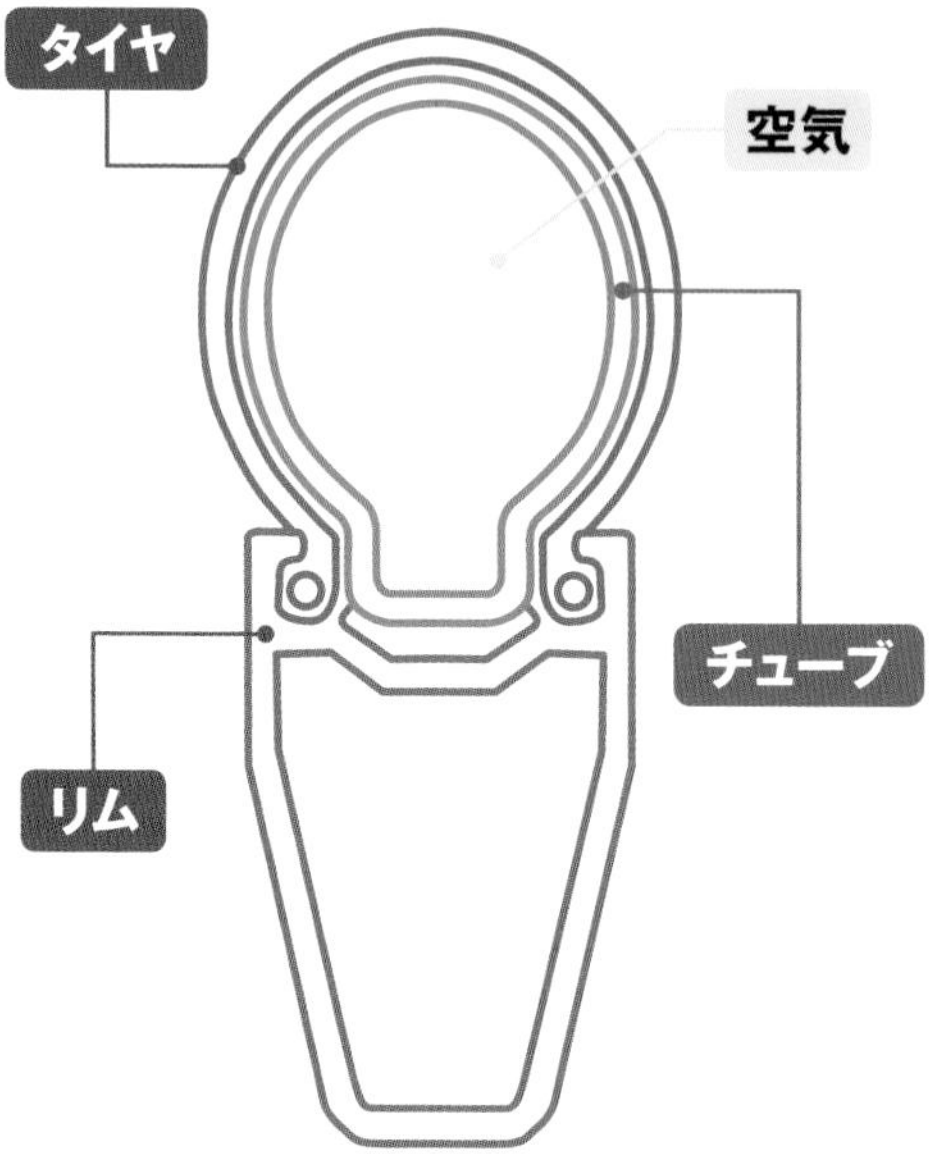

クリンチャータイヤの断面

多くのタイヤは、中に入ったチューブに空気を入れる「クリンチャー」という形式だ。

空気が足りないとパンクする!

スポーツ自転車のタイヤは車やオートバイよりもかなり空気が抜けやすく、定期的に空気を入れなければいけません。細い(＝空気の容量が少ない)ロードバイクのタイヤなどでは、こだわる人は乗るたびに空気を入れているくらいです。

少なくとも、2週間に1回は空気を入れたいですね。

空気圧が低くなると、走りが重くなります。それだけなら我慢すればいいのですが、段差を越えるときに、障害物とリム(車輪の外周部)に

空気の入れ方

❶バルブのコアを緩める

バルブのキャップを外し、コアを反時計方向に回して緩める。

❷空気入れのヘッドを押し込む

バルブに空気入れのヘッドを当て、奥まで押し込む。

❸ヘッドのレバーを起こす

固定するためのレバーが付いているタイプは、レバーを起こす。

❹ポンピングする

気圧計を見ながらポンピングして空気を入れていく。

よって空気を保つチューブが挟まれる「リム打ち」によってパンクすることもあります。パンク予防の意味でも空気はきちんと入れましょう。

ただし、空気は入れすぎもNGです。乗り味が硬くなりますし、滑りやすくなってしまいます。

適切な空気圧はタイヤ、体重、走る場所によって変わるので難しいのですが、もっとも空気圧が高いロードバイクに成人男性が乗る場合で、5~7気圧くらいでしょうか。他の車種や女性、オフロードを走る場合の空気圧はずっと低くなります。

タイヤの側面に空気圧の上限・下限が書いてあることがありますので、それを超えない範囲で調整してください。

チェーンにオイルを注す

チェーンへの注油は、快適な走りをキープするために欠かせない。注油後に拭くことで汚れも取れる。

チェーンには寿命がある

チェーンの構造

走行中のチェーンは、プレートとピンがこすれている

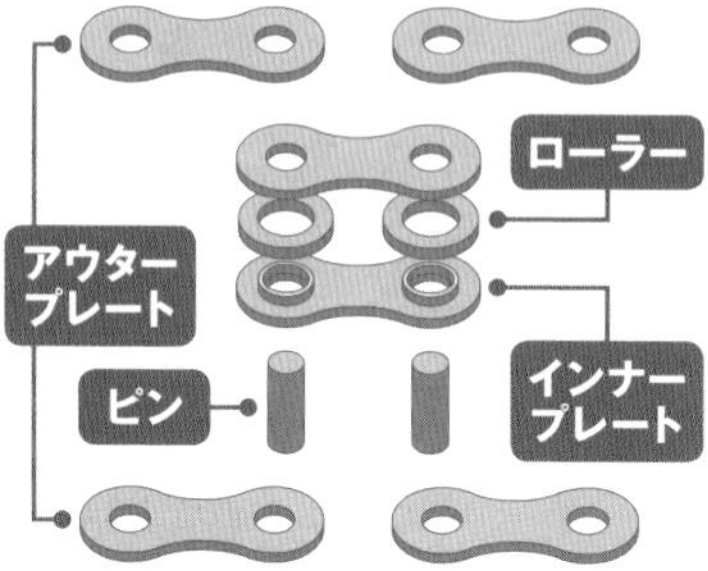

ローラー
アウタープレート
インナープレート
ピン

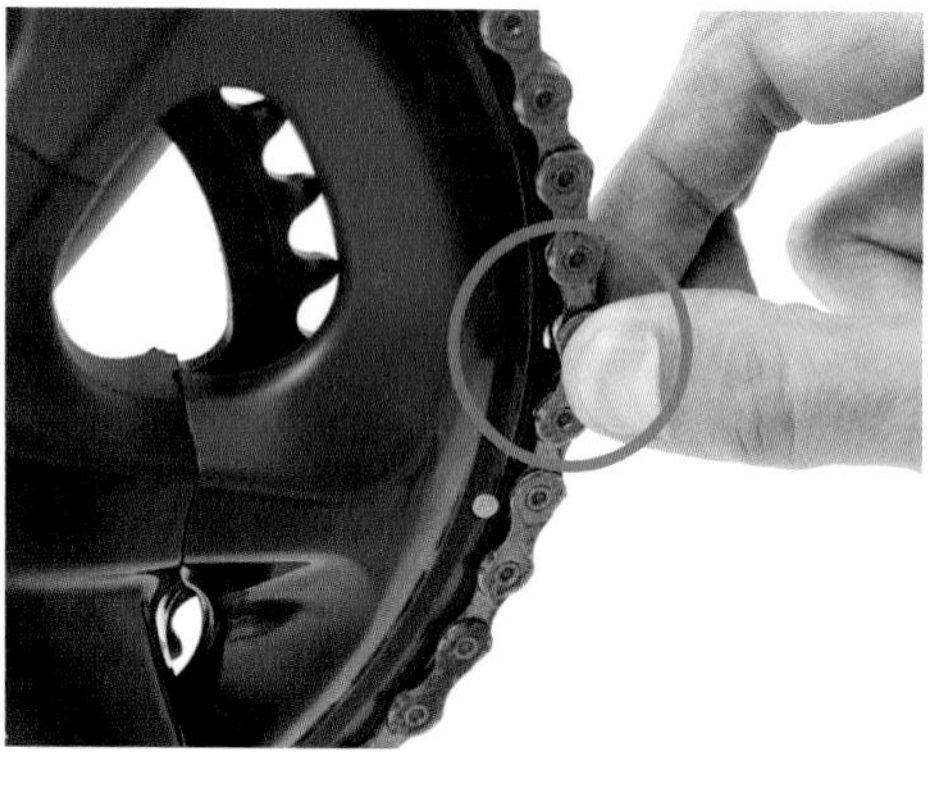

チェーンの伸びをチェック

前のギア(チェーンリング)にかかっているチェーンを引っ張る。このとき隙間からギアの刃先が見えたら、チェーンは伸びすぎ。ショップで交換しよう

注油すれば洗浄もできる

注油を怠ったせいでチェーンがサビてしまっている自転車をよく見かけますが、ああなってしまうと、もはや自転車はまともに走りません。少なくとも月1～2回程度の定期的な注油を欠かさないでください。特に、雨に降られた後は必ず注油しましょう。

注油をさぼると走りが重くなるうえ、チェーンの寿命も短くなります。スポーツ自転車のチェーンは、上の写真のような作りになっています。走るたびにピンとプレートがこ

チェーンに注油する

❶チェーンを拭く

油汚れ用の布でチェーンを拭き、汚れを取る。

❷チェーンにオイルを注す

注油する。できれば1コマずつていねいに注していきたい。

❸放置し、余計なオイルを拭き取る

オイルが浸透するまでしばらく放置する。その後、染み出た汚れと一緒に余計なオイルを拭き取る。

すれますから、オイルが切れると、こすれる部分が摩耗し、チェーン全体が伸びるのです。

きちんと注油をしていればチェーンは３０００〜４０００㎞はもちますが、メンテナンスをしていないと寿命は短くなります。チェーンが寿命を迎えると変速が不調になるだけではなく、チェーンと接触するギアを削ってしまうので、そちらも交換が必要になります。定期的な注油は経済的でもあるのです。

注油はチェーンの汚れを軽く拭き取ってからオイルを注し、ピンの中にオイルが浸透するまでしばらく待ってから、余計なオイルを拭き取るだけです。

こうするとチェーンの内部から染み出てくる汚れも拭き取れるので、簡単な掃除にもなります。

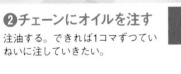

チェーンを清掃する

注油を繰り返すだけでは、チェーンに汚れがたまってしまう。専用クリーナーを使って清掃もしよう。

クリーナーとブラシでの清掃

用意するもの

- □ スプレー式チェーンクリーナー
- □ 布
- □ 使い古しの歯ブラシ

❶ギアを一番重くする

チェーンがフレームから遠くなるよう、一番重いギアにする。

❷チェーンにクリーナーを吹きかける

汚れを布で受け止めながら、チェーンにクリーナーを吹いていく。

チェーンがピカピカになる

72ページで解説した注油&拭き取りを定期的に行っていれば、チェーンが極端に汚れることはないはずです。

しかし、汚れは徐々にチェーンの中にたまっていくでしょう。動きも渋くなるはずです。

したがって、注油ほど高頻度でなくてもいいですが、チェーンのクリーンアップもぜひ行ってください。月に1回くらい行っていれば、チェーンの寿命も延びるはずです。

チェーンの清掃にはチェーンをカ

❸歯ブラシで汚れをかき出す

歯ブラシをチェーンに当てながらクランクを逆回転させる。チェーン内部の汚れをかき出す。

❹反対側からも歯ブラシを当てる

反対側にも歯ブラシを当て、汚れを取る。上下左右４つの面すべてをきれいにする。

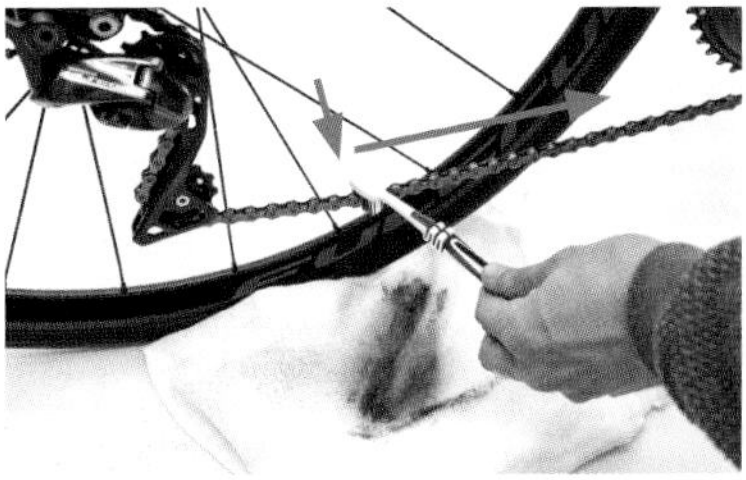

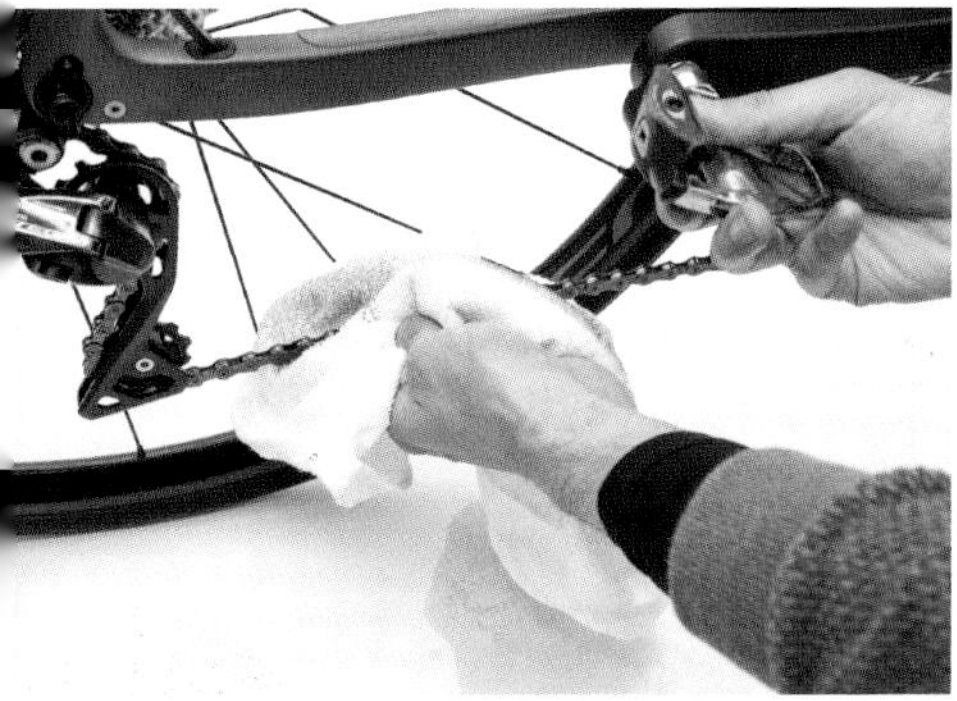

❺汚れを拭き取る

浮き出た汚れを拭き取る。もう一度クリーナーを吹きかけてもよい。

❻乾いたら注油

クリーナーが完全に乾いたら注油する。

ットして行う方法、専用の機材を使う方法などがありますが、ここではもっとも簡単な、スプレー式チェーンクリーナーを使う方法をご紹介します。

チェーンができるだけ車体から離れるよう、一番重いギアに入れます。次に、スプレーと汚れを受け止める布を上の写真のように持ち、チェーンにスプレーを吹きかけていきます。

次に、使い古しの歯ブラシをチェーンに押し当て、クランクを逆回転させてください。歯ブラシでチェーンの汚れをかき出すのです。

汚れが出たら、それを拭き取ります。そしてチェーンが完全に乾くのを待って注油すれば終了です。

自転車の異常を早期発見する

事故につながる車体の異常には、早めに気づきたい。そのためのカギになるのが異音だ。

異音をチェックする方法

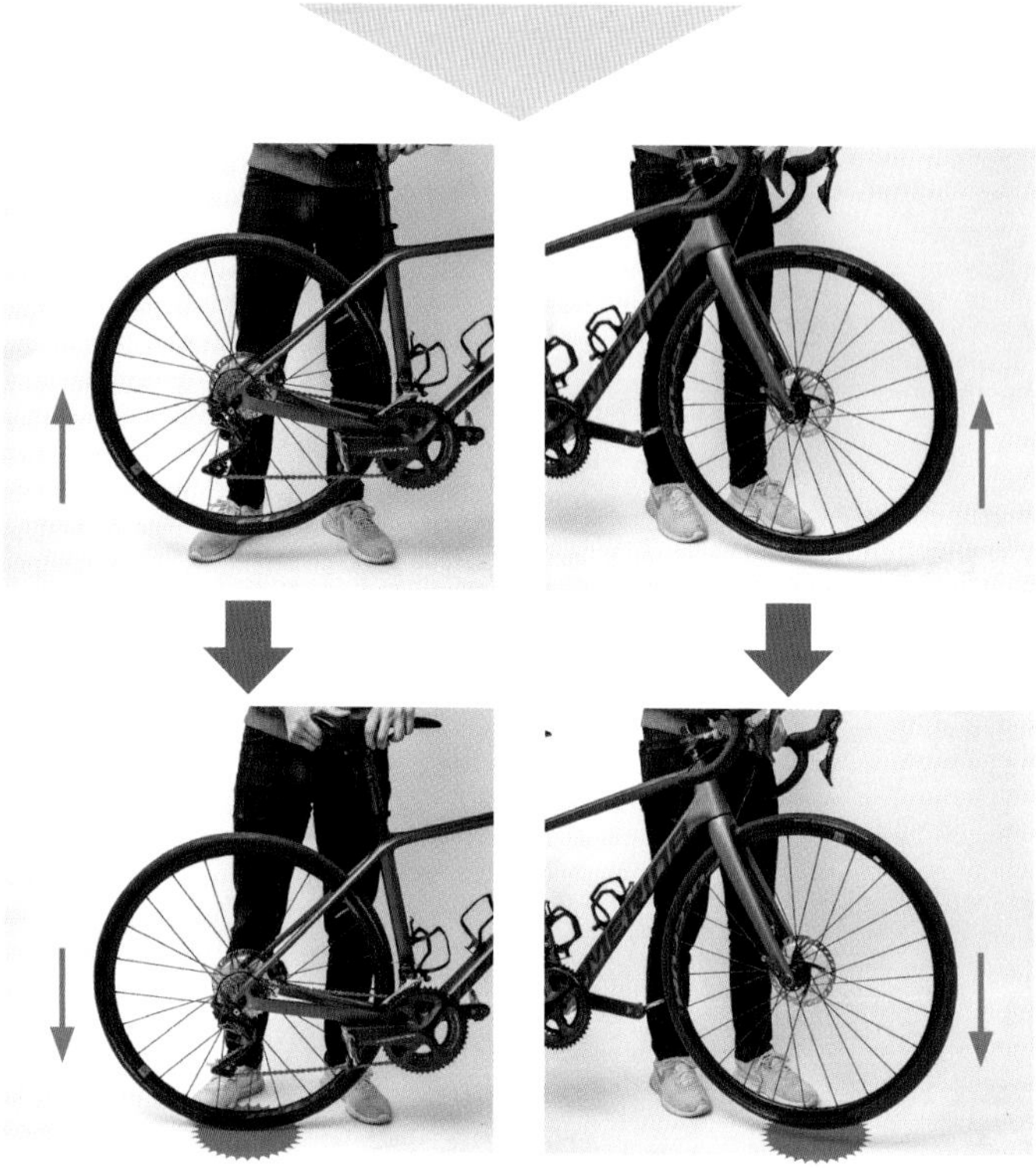

5㎝ほど車体を持ち上げて、落とす。このときに異音がしたら、異常が発生している可能性がある。前輪側、後輪側ともにチェックしたい。

故障は事故につながる

スポーツ自転車の不具合は、深刻な事故につながるおそれがあります。突然チェーンが外れたら？　走行中にハンドルが折れたら？　まずないとは思いますが、想像するだけで恐ろしいですよね。

スポーツ自転車には車検がありません。定期的にプロショップに点検してもらうのがベストではありますが、ご自身で異常をチェックする方法がひとつあります。それは「異音」に敏感になることです。

ボルトがゆるんだり、フレームに

トルクは指定されている

丸の中に「Max 5Nm」という文字が見える。5Nm以上の力を加えてはいけないという意味だ。

ヒビが入るなどの致命的な異常が起こると異音が発生します。もし走っている最中に、「カタカタ」「カシュカシュ」といった、それまで聞いたことがなかった音が聞こえたら直ちにプロショップに見せてください。

ご自宅で異音をチェックする方法もあります。5㎝くらいでいいと思いますが、自転車を少し持ち上げ、落としてください。このときに異音がしたら、なにかマズいことが起こっている可能性があります。

スポーツ自転車のボルト類は、メーカーによって適正トルク（締め付ける力）が指定されているため、むやみにいじるべきではありません。トルク不足はゆるみにつながりますが、過剰トルクは、最悪、パーツを破壊します。ボルトのトルク管理はプロショップに任せたほうがいいでしょう。

消耗品をチェックする

実は、スポーツ自転車は消耗品の塊だ。消耗品は定期的にチェックしたい。

消耗品とその寿命の目安

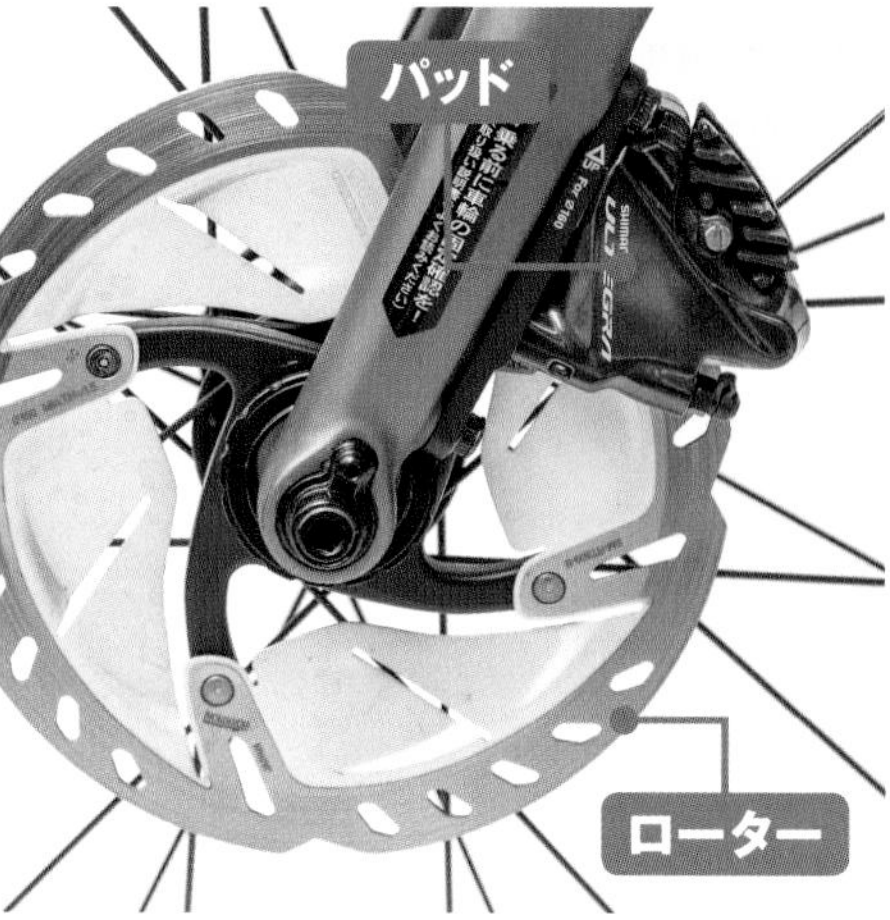

ブレーキ
3000〜10000km

円盤状のローターと、ローターに当たるパッドはいずれも消耗品。パッドのほうが寿命は短い。

ローター

パッドによって削られ、摩耗していく。

チェーン
3000〜4000km

注油と洗浄を定期的に行っていれば寿命は延びる。摩耗して伸びたチェーンは接触するギア類を痛めるので注意。

年に1回はチェックを

スポーツ自転車の車体には、あちこちに消耗品があります。まあ、ママチャリも同じではあるのですが、乗る距離が長いスポーツ自転車では、消耗品もシビアにチェックしたほうがいいでしょう。

上に、意識したい消耗品と、それらのおおまかな寿命をまとめました。パーツの寿命は晴天時の舗装路を主に走ることを想定していますので、雨の日に乗ったり、オフロードを走る人の場合はもっと寿命が短くなります。

タイヤ

3000～5000㎞

道路との摩擦で削られていく。断面が台形になってきたら交換しよう。後輪のほうが寿命が短い。

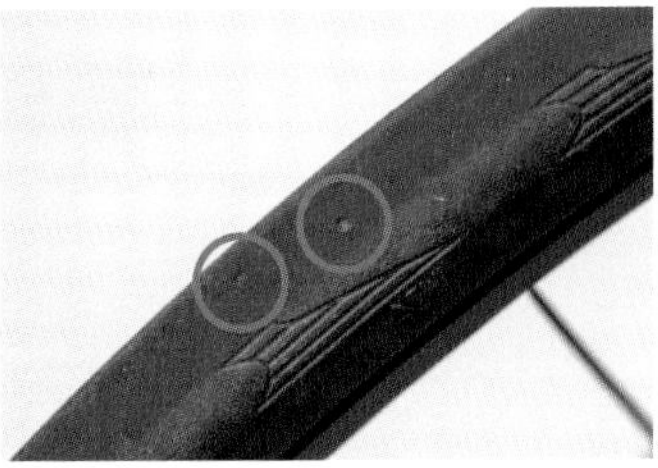

インジケーター

タイヤの表面に、交換時期を示すインジケーターの穴が空いているモデルもある。穴が見えなくなったら交換時期だ。

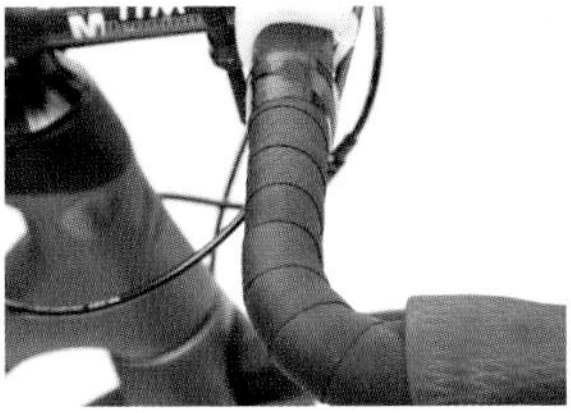

バーテープ

3000～5000㎞

ハンドルに巻くバーテープ。使っていくうちにボロボロになる。柔らかいものほど寿命は短い。

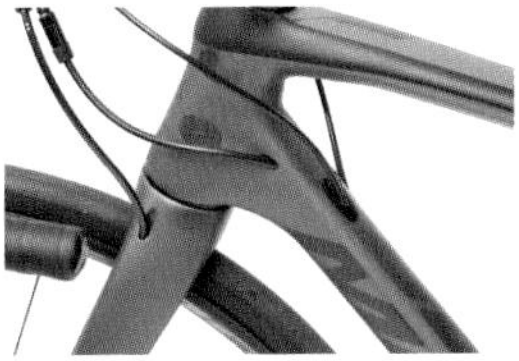

ワイヤー類

5000～10000㎞

変速ワイヤーもブレーキワイヤーも、使ううちに伸びていく。折れ曲がっている場所で切れるケースもあるので、定期チェックを欠かさない。

スプロケット

10000㎞

後輪に装着され、チェーンの駆動力を車輪に伝えるスプロケット。刃先が徐々に摩耗していき、変速性能が落ちていく。

もっとも、一番寿命が短いであろうタイヤやブレーキ周りのパーツでも、晴れた舗装路がメインなら3000㎞はもつはずです。そこまで神経質になる必要はありませんが、年に1回はプロショップでチェックしたいですね。

慣れた人なら消耗品の交換を自分で行うこともありますが、作業ミスは乗り手の安全にかかわりますので、プロに任せるべきです。

特に、ワイヤー類やブレーキパッドは外から見えないので、消耗具合を調べるだけでも専門知識が必要です。プロに見てもらいましょう。もし寿命が近かったら、そのまま交換をお願いすればいいのです。

誰でもできるパンク修理

スポーツ自転車のパンク修理は難しくない。パンクが自力で直せれば、遠出も安心だ。

チューブを交換するだけ

数千キロに1回くらいは発生してしまうパンクですが、今のスポーツ自転車で主流のクリンチャータイヤなら、直すのは難しくありません。

パンクは、空気を保持するチューブに穴が空いてしまうのが原因です。したがって、もっとも簡単な修理方法は、空気が入っているチューブを新品に交換することです。サイクリング中のパンクならチューブ交換で対応しましょう。

もう一つ、チューブに空いた穴を専用のパッチでふさぐ方法もあるの

タイヤを車輪から外す

用意するもの

- □ 替えのチューブ
- □ タイヤレバー2～3本
- □ 携帯空気入れ

❶空気を完全に抜く

バルブを緩めてから押し、チューブ内部の空気を完全に抜く。

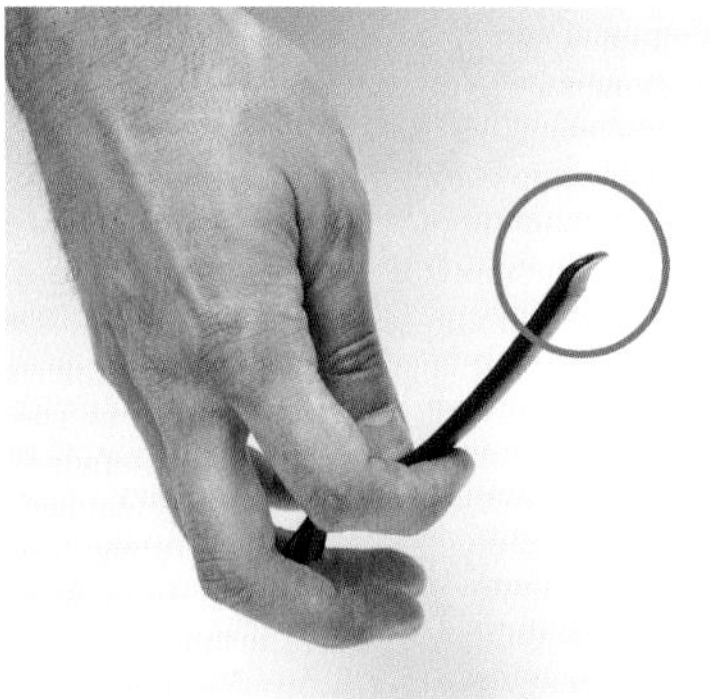

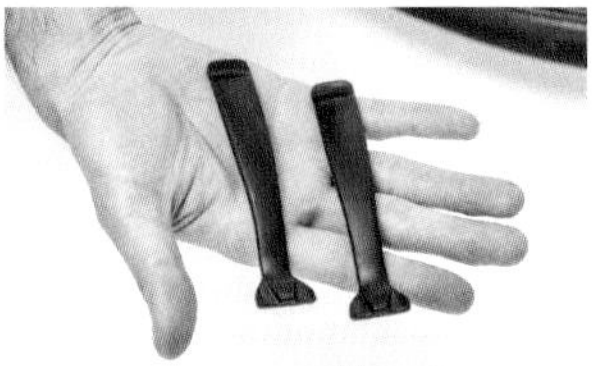

❷タイヤレバーを用意

タイヤレバーを2～3本用意する。先端の曲がった部分は、タイヤに引っ掛けて外すためだ。

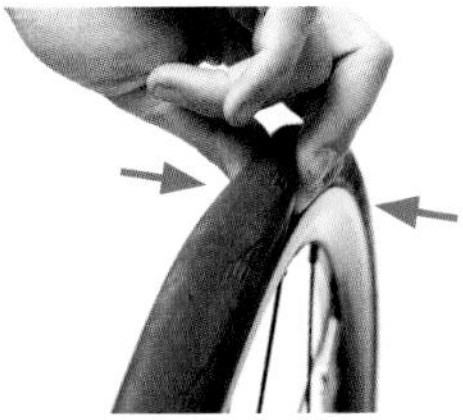

❸タイヤをリムから剥がす

写真のようにタイヤを両脇からつまんだり、指で押したりして、左右の車輪の「リム」から剥がしていく。

❹タイヤとリムのすき間にレバーを入れる

レバーの先端を、タイヤとリムのすき間に入れる。

❺タイヤレバーを起こす

すき間に入れたタイヤレバーを起こし、てこの原理でタイヤをリムから外す。

❻タイヤレバーをスポークに引っ掛ける

スポークに引っ掛けられるタイプのレバーは、スポークに引っ掛けて固定する。

ですが、こちらは出先で行うにはやや難しく、失敗してしまうリスクもありますのでここでは扱いません。

選手時代の僕は、いつも予備のチューブを持ってトレーニングに出かけていました。これなら、途中でパンクしてもすぐにチューブを交換してトレーニングを続行できます。ちなみに、パンクしたチューブは家に持ち帰り、パッチで穴をふさいで再利用していました。

必要なのは予備のチューブとタイヤを外す際に使うタイヤレバー、携帯空気入れだけです。全部まとめても、背中のポケットに入ってしまいます。

慣れれば5分くらいで修理できるようになるでしょう。パンクを恐れる必要はありません。

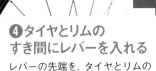

パンクしたチューブを新品に交換する

❼タイヤの片側をレバーで外していく

❻のレバーをそのままに、もう1本のレバーで、てこの原理でタイヤを外していく。

❽タイヤの片側だけを外す

タイヤが車輪から外れた状態。タイヤの片側が車輪のリムの外側に出ている。

❾バルブを抜く

まずバルブを抜き、チューブを取り出していく。最初にバルブを抜くこと。

❿チューブを取り去る

パンクしたチューブを取り去る。タイヤはそのままだ。

⓫新しいチューブのバルブを入れる

新しいチューブをタイヤの中に入れていく。まずはバルブを、車輪のバルブ穴に入れる。

⑫チューブをタイヤに入れていく

チューブをタイヤに入れていく。チューブにわずかに空気を入れると作業しやすい。

⑬タイヤを車輪に入れていく

チューブをタイヤの中に納めたら、次はタイヤを車輪にはめていく。最初は簡単に入るが、徐々にきつくなるはずだ。

⑭あと一歩！

タイヤを車輪に入れていった状態。タイヤと車輪の相性にもよるが、最後はきつくなり、指の力だけでは入らないことが多い。

⑮タイヤレバーでタイヤを車輪に入れる

タイヤが入らないときは、タイヤレバーを1本用意し、てこの原理を使ってタイヤをリムにはめる。チューブを噛みこまないように注意！

⑯タイヤが入っているか確認

少しだけ空気を入れ、タイヤがちゃんと車輪に入っているか、また、チューブがタイヤからはみ出ていないか確認する。確認せずに一気に空気を入れるとバーストすることがあるので注意。問題がなければ空気を入れる。

車輪を外してコンパクトにする

スポーツ自転車は、簡単に車輪を外すことができる。車に積む際などに便利だ。

車輪の外し方

❶車体を逆さまにする

作業台などがない場合は、車体を逆さにすると作業がしやすい。

❷後ろのギアを一番重くする

後輪を外す場合は、後ろのギアを一番重くする。チェーンがもっとも外側にかかるため、車輪が外しやすくなるからだ。

❸シャフトをゆるめる

付属のレバー（上）またはレンチ（下）でシャフトを反時計方向に回し、ゆるめる。

❹シャフトを抜く

シャフトを抜く。なくさないように注意。

車輪は簡単に外せる

ママチャリの車輪を外すのは大変ですが、スポーツ自転車の車輪は簡単に外れます。レース中にパンクした選手の車輪を、メカニックが一瞬で交換する光景はよく見られます。

もちろんレースに出ない人が大慌てで車輪を交換する必要はないのですが、車輪の外し方を覚えると、自転車をコンパクトにできますから、車に積む際などにとても便利です。

今のスポーツ自転車の大半がディスクブレーキを採用しています

❺車輪を外す

車輪をゆっくり外していく。

❻スプロケットを外す（後輪の場合）

後輪を外す場合は、変速機に力を加えながらスプロケットをチェーンから外す。

❼シャフトを再びつける

❹で外したシャフトをもう一度はめる。

❽スペーサーを挟む

ブレーキパッドのすき間にスペーサーを挟む。スペーサーがない場合は厚紙などを挟む。

❾完成

前後輪を外すととてもコンパクトになる。この状態の自転車を専用の袋に入れて運ぶことを「輪行」と呼ぶ。

が、その車輪は「スルーアクスル」という規格です。

　スルーアクスルはネジのついたシャフトで車輪を固定するだけのとてもシンプルな仕組みですから、難しいことは何もありません。反時計方向にシャフトを回すだけで外れます。

　ただし、車輪を外した後にディスクブレーキのパッドの間にスペーサーを挟むことと、後輪を外す場合には、外しやすいよう、あらかじめギアを一番重い位置にしておくことは忘れないでください。スペーサーがないと、間違ってブレーキレバーを握ってしまったときにパッドが飛び出て、戻らなくなってしまいます。

コラム

自転車の世話をする

ここでご紹介したメンテナンスはごく基本的なものです。最初は難しく思えるかもしれませんが、慣れれば誰でも、あっという間にできる作業です。

スポーツ自転車は「お世話」が必要な乗り物です。その意味では馬に近いかもしれませんね。馬はお世話をしないといけませんが、スポーツ自転車も同じ。お手入れなしでは性能を発揮してくれません。

もう一度66～67ページのチェックリストを見てください。大掛かりなメンテナンスはプロショップに任せるべきですが、日常メンテナンスは、馬に例えるなら、毎晩のご飯の干し草をあげるようなものです。自分で簡単にできますし、一種の愛情表現でもあるのです。別になでまわす必要はありませんが、定期的に簡単な拭き掃除もしてください。異常が見つかるかもしれません。

そうだ、もしよければ、乗る前に愛車にポンと挨拶をしてやってください。「今日もよろしく！」と声をかけてもいいですね。

いや、僕はスピリチュアルな話をしようとしているわけではないんです。そうではなくて、「世話が必要な相手」としての自転車を意識してほしいんです。

お世話をすれば快適な走りで応えてくれるし、放置したらそれなりの報いがある。それが自転車です。

Part4

スポーツ自転車を乗りこなす

ポジショニングで体に合わせる

スポーツ自転車を買ったら、真っ先にやるべきなのが「ポジショニング」だ。

膝が軽く曲がるくらい

写真のように、ペダルがもっとも体から遠い位置で膝が軽く曲がるくらいの高さにサドルを設定する。

体に合わせて調整する

スポーツ自転車は、フィッティングが必要な点でランニングシューズに似ています。

ランニングシューズは、一人ひとり異なる足のサイズや形に合わせて選びますよね。

スポーツ自転車も同じ。自転車の上で長時間運動するわけですから、体にぴったり合っていないと痛みが生じたり、最悪、関節や筋肉を傷めてしまいます。

体格に合ったサイズの自転車を選ぶことが大前提ですが、フィッテ

ポジションを調整できる主な箇所

サドルの前後位置
ハンドルの角度
サドルの角度
サドルの高さ
ハンドルの高さ

サドルの位置とハンドルの角度を調整するのがポジショニングの基本だ。

ィングはそこからが本番。「ポジショニング」で、細かく体型に合わせましょう。

調整する場所はたくさんあるのですが、もっとも重要なのはサドルの位置、特に高さです。

ママチャリは足が地面にべたっと着くまでサドルを下げますが、あれは頻繁に足を着く歩道走行を前提とした、非常に特殊なポジションです。脚の力を発揮できないので、効率的とはいえません。

スポーツ自転車は、自転車に乗ってペダルを体から一番遠いところ（下死点《かしてん》といいます）まで下げたときに、膝が軽く曲がるくらいの位置にサドルを設定してください。普通はレンチ一本で調整できます。

ドロップハンドルの持ち方は3パターン

スポーツ自転車に特徴的なドロップハンドル。なぜ、あんな奇妙な形をしているのだろうか。

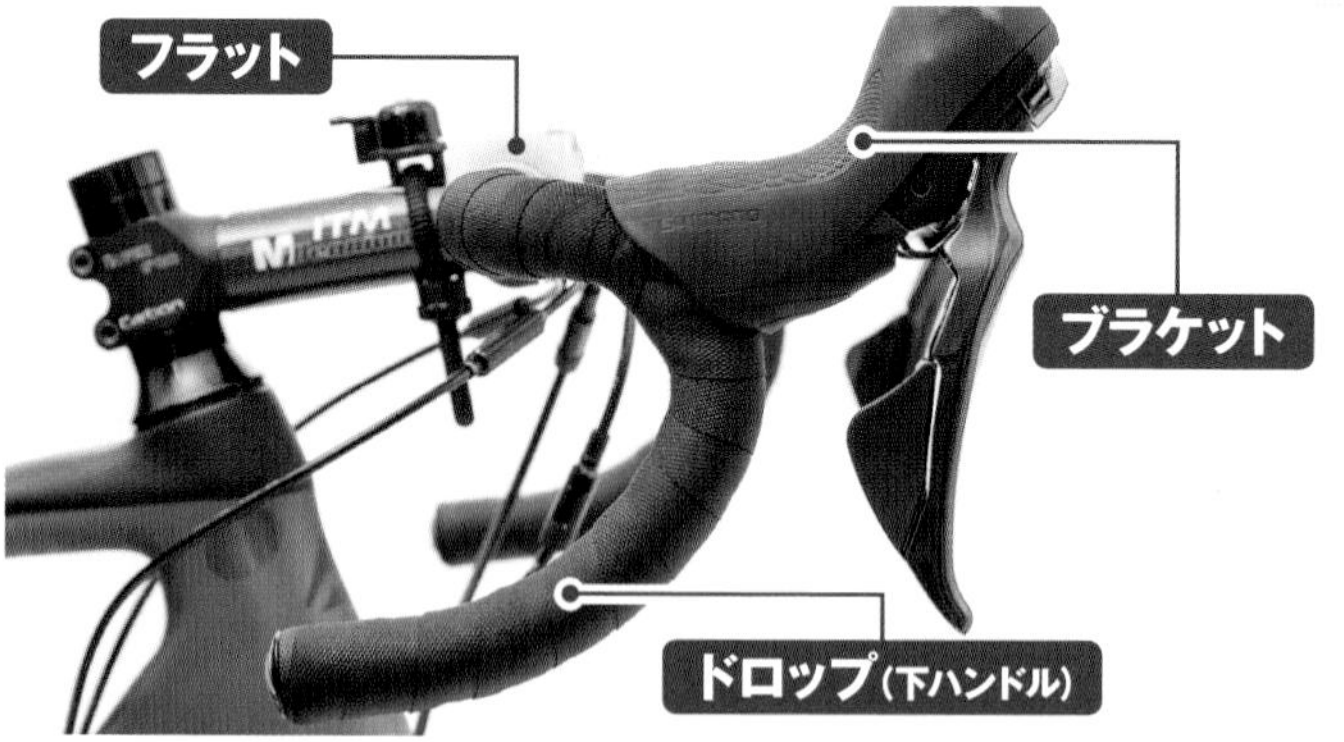

ドロップハンドルは持つ場所が多い

大きく分けて、ブラケット、ドロップ、フラットの3カ所を持つことができる。

ブラケットの持ち方

ブラケットを包み込むように持つ。ブレーキレバーにも指がかかる。

持てる場所がたくさんある

スポーツ自転車の特徴でもあるドロップハンドル。曲がりくねった実に変な形をしています。MTBやクロスバイクはまっすぐなストレートハンドルですが、それ以外のスポーツ自転車にはみなドロップハンドルがついていますよね。

ドロップハンドルの歴史は非常に長く、この形に行き着いてから実に100年以上が経っています。それほど効率的な形だということなんですよ。

なにがいいのかというと、持つ場所

持つ場所によって上体の姿勢が変わる

持つ場所によって上体の姿勢が変わるため、状況に応じて使い分ける。

がたくさんある点です。おおざっぱにいっても、ブレーキの付け根のブラケット、上のまっすぐな部分であるフラット、下の曲がっている部分であるドロップ（あるいは下ハンドル）の３カ所を持ち分けることができます。

基本は、すぐにブレーキレバーに指がかかるブラケットです。上の写真のように、ブラケットを包み込むように持ってください。

しかし、スピードを出すときや下りなどでは、上半身を倒して空気抵抗を減らせるドロップを持ちます。ここを持つと、てこの原理でブレーキが強くかかるのも利点です。

逆にのんびり走りたいとき、きつい上りで呼吸が荒くなったときなどは、上体を起こせるフラットを持ちます。空気抵抗は増えますが、呼吸が楽になります。

またいでからスタートする

スポーツ自転車のスタートの仕方はママチャリとは違う。サドルが高いからだ。

スタート前の基本姿勢

サドルには座らずに自転車をまたぐ。信号待ちもこの姿勢だ。

いきなりサドルにまたがらない！

ポジションが調整できたら、いよいよ乗り出しましょう。

が、いきなりサドルにまたがってはいけませんよ！　ママチャリとは乗り出し方が違うんです。

スポーツ自転車はサドルが高いので、ママチャリのようにサドルに腰かけた状態では足が地面に届きません。

したがって、基本姿勢は上の写真のようになります。サドルには座らずに、フレームをまたいでください。足はサドルの後ろから大きく回すようにすると、またぎやすいですよ。

サドルに座りながら走り出す

足に体重をかけながらサドルに腰掛ける。すると、自転車は自動的に前進する。

信号待ちなどはこの姿勢です。

ここからの走り出し方ですが、まずは、最初に踏むほうのペダル（写真だと右側）を時計でいう1〜3時くらいの位置に持ってきます。体重を乗せたときに自転車が進むようにです。

さあ、走り出しますよ。しっかりハンドルを持ったら、ペダルに体重をかけて腰を浮かし、サドルに腰掛けましょう。

すると、ペダル（この場合は右ペダル）が体重によって押されるので、自転車は自動的に走り出します。あとはペダルを漕ぐだけです。

つまり、座る動作とスタートの動作を同時に行ってしまうわけです。

言葉にするとややこしいように見えますが、やってみるととても簡単です。難しいことは考えず、上の写真を見てチャレンジしましょう！

力まず、バランスを意識する

サドル、ハンドル、ペダルの3点だけで体を支える自転車では、均等なバランス配分が重要だ。

リラックスしたフォームで

肘をわずかに曲げ、リラックスしよう。ハンドルは内側に絞り込むように持つとよい。

力まずリラックス

無事にスタートできたら、ゆっくりと周囲を走ってみましょう。

どんなスポーツでも同じですが、力まないでください。肩や腕にはあまり力を入れず、肘は軽く曲がるくらい。ハンドルはしっかり持たなければいけませんが、握りしめる必要はありません。

ところが、初心者とおぼしきサイクリストを見ると、みな力んでしまっています。力んでしまうと体が硬くなって、ふらついたり、むしろ危険です。リラックス、リラックス。

前後の重心バランスを意識する

サドルとハンドルに均等に体重をかけると安定する。

初心者が力みがちなのは、重心の配分がまずいからかもしれません。

自転車に乗っているときは、サドル、ハンドル、ペダルの3点だけで体重を支えることになります。円運動するペダルを除くと、実質的にはハンドルとサドルの2カ所だけ。この2カ所に均等に体重を乗せないといけません。

しかし、多くの初心者はどっかりとサドルに座って体重を預けてしまっているか、逆にハンドルを握りしめてそちらに体重をかけています。

どちらも不安定になるのでNGです。サドルとハンドルに均等に体重を乗せてください。

そもそも、体重は極力ペダルにかけるべきです。そうすれば推進力に変わるのですから。

前後のブレーキを使い分ける

スポーツ自転車のブレーキは前後で役割が異なる。後ろは、あくまでスピード調整用だ。

前7：後3の割合でブレーキをかける

後ろブレーキは減速のためのもの。前のブレーキを強めにかけよう。

ブレーキは前7：後3

走り出したら、止まらなければいけません。安全を考えると、ブレーキングはもっとも大切な動作です。

スポーツ自転車には前後に2つのブレーキがついていますが、前と後ろでは役割が微妙に異なることをご存知でしょうか。

自転車を「止める」のは前ブレーキの役割です。ブレーキング時には前輪に加重されるため、後ろのブレーキを強くかけてもスリップしてしまうからです。

後ろブレーキの役割は、止まるこ

後方荷重しないと……

サドルに座ったまま急ブレーキをかけると前転してしまう。

急ブレーキ時は後方に加重

急ブレーキ時はサドルから腰を上げ、後方に重心を移動させる。

とよりは、止まるまでの減速です。

だから、ブレーキをかけるときは前ブレーキのほうを強くかけてください。イメージとしては、前7：後3くらいの配分です。

また、やむをえない事情で急ブレーキをかけるときは、写真のようにサドルから腰を上げ、重心を後ろに移してください。

サドルに座ったまま急ブレーキをかけると、ハンドルに加重されてしまい前転します。急ブレーキによる前転は多いので注意してください。

今のスポーツ自転車が採用しているディスクブレーキの制動力は強力ですが、タイヤのグリップが耐えられずに滑ってしまうことがあります。特にロードバイク用の、細いタイヤは滑りやすいですね。

コーナーでは内側の足を上げる

コーナーを曲がるときは、必ず内側の足を上げなければいけない。地面にペダルが当たり、転んでしまうからだ。

内側の足を上げる

コーナーでは内側の足を上げる。ペダルが地面に当たるのを防ぐためだ。

ペダルを地面にこすらない

自転車はコーナーを曲がるときに内側に傾きます。上の写真を見てください。かなり傾いているのがわかりますよね。

このとき、絶対に内側のペダルを下げてはいけません。地面に当たってしまうからです。コーナーリングの最中にペダルが地面に当たると、転倒してしまうので極めて危険です。

コーナーは、必ず外側の足を下にした状態で回りましょう。外側の足を下げるのはペダルが地面に当た

外脚で体を支える

外側の脚で突っ張り、遠心力に耐えて体を支える。

るのを防ぐためだけではなく、外側の脚(足)に加重するためでもあります。

コーナーでは遠心力に耐えなければいけません。その時に体を支えてくれるのが外側の脚なのです。ですから、コーナーリングの最中は外側の脚(上の写真では右脚)で踏ん張りながら体を支えましょう。

それから、減速はコーナーに入る前に終えておくのが基本です。コーナーリングの最中にブレーキをかけると、スポーツ自転車、特にロードバイクは簡単にスリップします。

しっかり減速を終え、外側の脚を下げた状態でコーナーを曲がりましょう。

目線はコーナーの出口に向けてください。足元を見るとふらついてしまいます。

ギアチェンジで楽に走る

疲れずに走るためのポイントが適切なギアチェンジ。ペダルの回転数を一定に保とう。

後ろの変速機の操作方法（シマノの場合）

シマノの右側ブレーキレバーは出番が多い後ろの変速機に対応している。

トルクを抜いてチェンジする

ドロップハンドルのスポーツ自転車は、ほとんどの場合、ブレーキレバーが変速レバーを兼ねています。

上は多くのスポーツ自転車が採用しているシマノのブレーキレバーです。ハンドル右側のレバーが後ろの変速機に対応していて、ブレーキレバー（長いレバー）を倒すとシフトダウン、つまりギアが軽くなります。ギアを重くするシフトアップは、ブレーキレバーの手前にある小さなレバーを倒してください。

変速機が前にもついている自転

変速機の仕組み

チェーンを脱線させ、別のギアに移動させることで変速する。内側の大きいギアほどペダルは軽くなる。

車では、左のレバーで前の変速機を操作します。こちらは、長いレバーがシフトアップ、短いレバーがシフトダウンに対応します。

そもそも何のために変速をするのかというと、車と同じで、エンジンの回転数を一定に保つためです。

1分あたりのペダル回転数をケイデンスと呼ぶのですが、70~80くらいのケイデンスを保つのが楽に走るコツです。ママチャリのようにケイデンスが低いと、筋肉に負担がかかり疲れやすいのです。

自転車の変速ではギアにかかったチェーンを脱線させるため、強くペダルを踏みこんだ状態ではチェーンがギアから外れず、変速ができません。少し力を抜きながら変速するのがコツです。

ダンシングをマスターしよう

「ダンシング」とは立ち漕ぎのこと。楽に走るためにはぜひ覚えたいスキルだ。

母指球でペダルを踏む

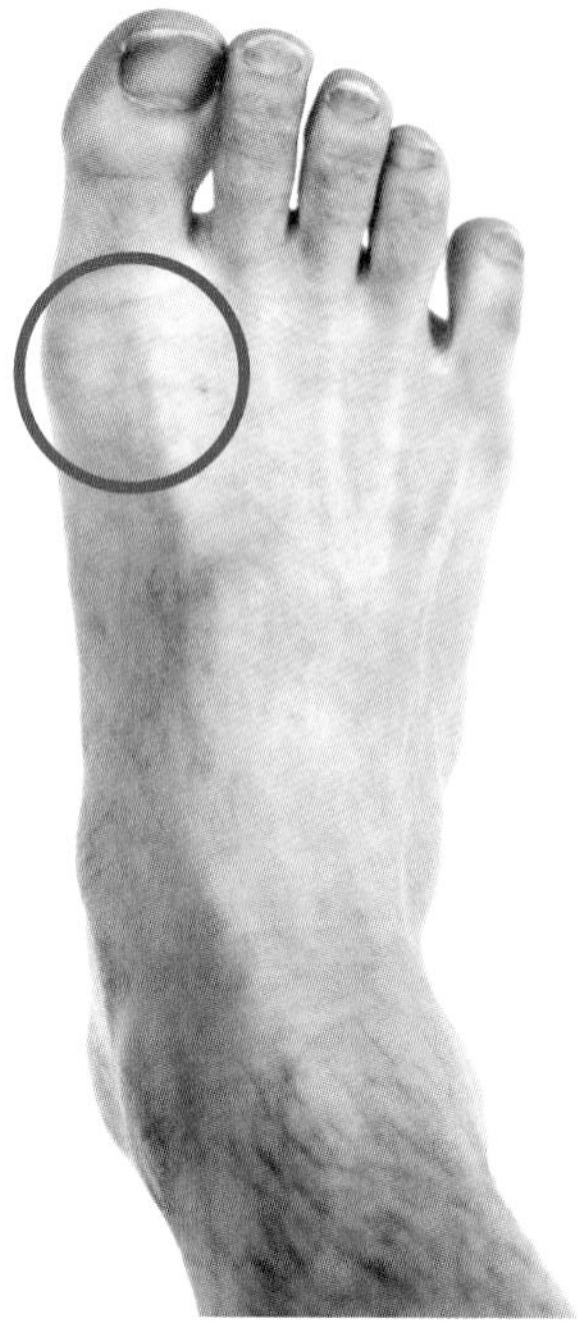

親指の付け根の母指球をペダルの軸の上に位置させるのが基本だ。

立ち漕ぎはブースター

ペダルを漕ぐことをペダリングといいます。

まず、ペダルに対する足の前後位置ですが、ペダル軸の上に、「母指《ぼし》球《きゅう》」と呼ばれる親指の付け根の丸い部分が位置するのが基本です。母指球でペダルを踏む感じですね。

それから、ペダリングの際にかかとが下がらないように意識しましょう。力のロスになってしまうためです。

さて、ペダリングにはもう一つのやり方があります。ダンシングと呼ばれる、いわゆる立ち漕ぎです。

ダンシングでは重心を意識

車体の中心にあるクランクの真上に重心が来るように意識しよう。

自転車を左右に振る

自転車を左右に振ることで、腕の力も推進力にできる。

体重と腕の力を使い、全身で自転車を進めるダンシングは、普通のペダリングとは体の使い方がまったく異なり、強い力を出すときに向いています。

ママチャリでも、急な上り坂では無意識のうちに立ち漕ぎになりませんでしたか？ 体はダンシングの効果を知っているのです。

ダンシングは、初心者と中・上級者を隔てるスキルだといっても過言ではありません。ダンシングは体力を使わずに加速できるブースターのようなものですから、活用すべきなのですが、初心者は苦手意識があるようです。

コツは、車体の中心の上に体重が来るよう意識することと、腕を使って車体を左右に振ること、あとはひたすら練習することでしょうか。

自転車を押す・担ぐ

軽いスポーツ自転車は、担いで運ぶのも簡単。ただし、担ぎ方にはコツがある。

ステムを持って押す

写真の「ステム」の部分を持って押せば、自転車は勝手に直進する。

ハンドルを持つと両手がふさがる上、脚がペダルにぶつかることもある。

センスが問われる場面

僕は自転車に乗るときの「格好よさ」に非常にうるさく、レースの解説では選手たちのガッツポーズの批評をしたりするのですが、そんな僕から見て、素人と玄人の差が大きく出るのが、自転車の押し方なんです。

慣れない人がやりがちなのが、両手でハンドルを持って押してしまうスタイル。何がまずいの？ と思われそうですが、両手がふさがるわ、自転車に体が近いのでペダルに足をぶつけるわ（とても痛いです）と、いいことなしです。

自転車の担ぎ方

サドルに肩を当て、そのまま持ち上げる。さらに片手でフレームを押さえる。

では、優雅な押し方とはどういうものか。上の写真のように、ハンドルと車体をつなぐ「ステム」を片手で持って、そのまま歩いてください。ここを持つと自転車は自動的に前を向き、直進します。片手も空きますしね。

もうひとつ重要なのが、自転車の担ぎ方です。スポーツ自転車はとても軽いので、階段などに遭遇したときに簡単に担げるのも強みなのですが、担ぎ方にも作法があります。

サドルの下に肩を入れ、よいしょと持ち上げます。ついでに、担いでいる側の手でフレームを持てば安定もします。

ここでご紹介した押し方と担ぎ方を必要なシーンでさっとできると、「こいつ、デキるな」と思われること間違いなしです。

走り方の基本ルール

自転車は車道を走るのがルール。道路交通法の基本を知っておこう。

自転車安全利用五則

1. 自転車は、車道が原則、歩道は例外
2. 車道は左側を通行
3. 歩道は歩行者優先で、車道寄りを徐行
4. 安全ルールを守る
5. 子どもはヘルメットを着用

道路交通法を知っていますか?

道路交通法(道交法)上、自転車は「軽車両」です。つまり、車の仲間です。

自転車は基本的には車道を走らなければいけませんし、左側通行が義務づけられているので、逆走は禁止です。

条件付きで歩道走行が認められている場合もありますが、歩道を走れる場合も、徐行しなければいけません。また走る場所は、通行場所の指定がなければ、歩道の中央よりも車道寄りでなければいけません。

……などなど、道交法には自転車

自転車に関する主な道路交通法の概要

1. 自転車は、車道が原則、歩道は例外

道路交通法上、自転車は軽車両になる。したがって、車道と歩道の区別があるところは車道通行が原則だ。

に関するさまざまな規則が定められています。

問題は、多くの日本人が自転車に関する法律・ルールを知らないことでしょう。明らかに徐行ではないスピードで歩道を走っている自転車をよく見かけますが、あれはNGなのです。

スポーツ自転車を買ったタイミングで、改めて道交法について確認しておきましょう。基本ルールをまとめてみます。

基本ルール中の基本は、上の「自転車安全利用五則」です。写真で五則の内容を解説しますので、最低でもこれだけは頭に入れておいてください。

繰り返しますが、自転車は軽車両です。車両を運転している緊張感と責任をもって乗ってください。

2. 車道は左側を通行

自転車は、道路の左側に寄って通行しなければならない。逆走は禁じられている。

※「普通自転車歩道通行可」の標識。この標識がある歩道は走れるが、徐行が義務づけられている

3. 歩道は歩行者優先で、車道寄りを徐行

自転車が通行できる歩道を走る場合は、歩道の車道寄りの部分を、徐行しなければならない。また、歩行者の通行を妨げるような場合は一時停止しなければならない。

4. 安全ルールを守る

飲酒、酒気帯び運転、二人乗り、並進などは禁止。前輪と後輪の両方にブレーキを備えていない自転車に乗ることもできない。また、一時停止の標識があるところでは一時停止しなければいけない。

5. 子どもはヘルメットを着用

幼児・児童を保護する責任のある者は、幼児を幼児用座席に乗せるときや幼児・児童が自転車を運転するときは、幼児・児童に乗車用ヘルメットをかぶらせる。

※警察庁HPより引用、編集

手信号で車とコミュニケーション

車のドライバーとの意思疎通に欠かせないのが手信号だ。積極的に使おう。

道交法上の手信号

手信号を覚えよう

車とのトラブルはコミュニケーション不足から。ハンドルから手を放さなくていいので、指で合図しよう。手信号は他者とのコミュニケーションツールでもある。また、サイクリスト同士で使う左ページの手信号も覚えておこう。

ウインカーのかわりに

自転車にはウインカーがありません。だから、車のドライバーからすると、どう動くのか予想しづらく、怖いものです。

したがって、道交法で定められた手信号は必ず覚えて、使ってください。上にある通りまったく難しくありません。

道交法上の手信号に限らず、ハンドルからちょっと指を上げるとか、車への意思表示は積極的にやりましょう。

車を運転する方ならわかってい

サイクリスト同士の手信号の例

ただけると思うのですが、何を考えているのかわからない相手には、不信感というか、ネガティブな感情が芽生えるものです。

しかし、意図がわかる動きならば、多少自分の通行を妨げる動きをしても、イライラはしません。その後どう動くのかが予測できるからです。

たとえば片側一車線の道路を自転車で走っていて、自分の後ろに車が詰まってしまったとき。ドライバーがイライラすることは容易に想像できますよね。

でも、自転車乗りが一瞬振り向いて「ごめん!」と手を上げたらどうでしょうか。ドライバーは「あ、この自転車は車の存在に気づいているんだな」ということがわかりますから、イライラはしません。コミュニケーションは大事なのです。

コラム

スマートなサイクリストになるために

スマートなサイクリストになるために、このパートは特に重要です。乗り慣れているかどうかは一目でわかってしまいますからね。

自転車に限らず、玄人・素人の差は動きに出るじゃないですか。特にちょっとした動きですね。

たとえば、いいレストランで店員さんを呼ぶときの仕草。食器の使い方ほどは意識されないと思うんですが、どれほどオシャレにワインを飲んでいたとしても、小学生が先生を呼ぶみたいに腕をビシッと上げてウェイターを呼んだら台無しじゃないですか。

あるいは店員さんに偉そうな態度を取るのも嫌ですよね。他人の気持ちをおもんぱかれない人はスマートではありません。

その意味では、このパートでも特によく読んでほしいのがハンドサインの解説（110ページ）です。適切なタイミングでセンスよくハンドサインを出すスキルは、スマートなサイクリストには欠かせません。

ドライバーとか、道路を共有する他人を思いやれるサイクリストこそ、本当の意味で格好いい人です。路上ではコミュニケーションの能力も問われるんですよ。

Part5
スポーツ自転車を遊びつくす

自転車に乗ると、人生が有意義になる！

スポーツ自転車は「お得」です

スポーツ自転車が、非常に「お得」な乗り物であることをご存知でしょうか。

理由は3つあります。

まず、楽しみ方がたくさんあること。通勤に使ってもいいですし、週末のサイクリングを楽しんでもいい。自転車旅も素敵ですし、トレーニングをしてレースやヒルクライムの成績を競うのもいいですね。

これほど楽しみ方がたくさんある趣味は珍しいのではないでしょうか。しかも、どれか1つだけを選ぶ必要はないんです。全部楽しんでしまっていい。欲張りな趣味ですね。

第2に、メリットが多いんです。自転車に乗ることは有酸素運動ですから健康に非常にいいですし、交通費の節約にもなる。

お金をもらって健康になれるなんて、なんとお得なんでしょうか。

そしてこれが重要なのですが、スポーツ自転車がお得である第3の理由は、今書いた楽しみやメリットを、「同時並行」で手に入れられることです。

たとえば、ある場所に用事があるとします。目的地までお金を払って電車や車で行くのもいいですが、自転車で行くとどうなるでしょう。

まず道中がサイクリングになりますし、交通費はかかりません。しかも健康増進効果やトレーニング効果まであります。

週末のサイクリングだって、サイクリング以外の楽しみと組み合わせていいんです。ちょっと遠いけれど気になっていたカフェや美術館に寄ってみるとか。

このように、スポーツ自転車とは一石で四鳥も五鳥も手に入れられる、ものすごく効率的な趣味なのです。

人生の使える時間が一気に増えますし、健康寿命も延びるでしょう。きっと自転車はあなたの人生を有意義なものにしてくれるはずです。

自転車は、人生の時間を増やしてくれる

スポーツ自転車は、実はとても効率的な趣味。時間を有意義に使えるのだ。

- □スポーツ自転車は「お得」。楽しみ方がたくさん用意されている
- □有酸素運動なので、健康にもよい
- □複数の楽しみ方や目的を同時に並行して行えるので効率的

スポーツ自転車は「恋人」である

いい関係を築けますか?

これは僕があちこちで言っていることなのですが、スポーツ自転車は、あなたにとっての恋人みたいなものです。単なるモノじゃないんです。

まず、相性があります。Aさんにとっての運命の相手が、Bさんにとってもそうだとは限りません。というか、普通は違うでしょう。自分に合った相手を探すのが大切です。

次に、出会いが重要です。この後解説しますが、いい場所(お店)でいい出会い方ができないと、運命の相手に気づかないかもしれません。

そして何よりも、スポーツ自転車は手に入れて終わり、じゃないんです。その後の付き合いが大変で、だけど楽しい。うまくいけば一生の伴侶になる。その意味でも恋人です。

恋人を放置していたら嫌われてしまいますよね。スポーツ自転車も同じで、乗らなくてもメンテナンスは必須です。恋人を放っておいたら恋が錆び付くように、チェーンだって錆びてしまいます。

あと、関係が変化していくのも似ていますね。

付き合いはじめたばかりはドキドキすると思いますが、相手への理解が深まると安心感も出てきて、いい相棒みたいになるじゃないですか。もちろん、別れてしまう場合もあるでしょうけれど……。

自転車も同じで、関係は変化します。具体的にはサドルの高さやハンドルの角度が変わっていくわけですが、それだけではなく、楽しみ方も変わると思うんです。「自分はこういう乗り方をするのが楽しいんだな」というのが見えてくるというか。

スポーツ自転車と、いい付き合いをしてください。よい恋人はあなた自身を成長させてくれるはずです。たまにはなでてあげてくださいね。

自転車といい関係を築こう

スポーツ自転車とは、買ってからの付き合いが大切だ。

- □スポーツ自転車は、恋人のようなもの
- □出会いも大事だが、その後の付き合いが大事
- □スポーツ自転車との関係は変化していく

価格の違いは何の違い？

100万円オーバー!?

大きなショップに行った方は、スポーツ自転車の価格差にびっくりしたでしょう。特にロードバイクでは、ハイエンドのモデルは150万円を超えていたりします。

ですがその一方で、同じメーカーが10万円くらいのロードバイクを出していたりもします。その差は何なのでしょうか。

まず先にお伝えすると、100万円のロードバイクが10万円のロードバイクの10倍速いということはありません。10倍快適ということもないでしょう。

そこまでの差はありませんのでご安心ください。

しかし、やはり性能差はあります。

ひとつは、何といっても走行性能です。高いロードバイクは軽く、剛性が高く、空気抵抗も限界まで削減していますから、単純に速いのです。

ただ、その差は小さなものです。10万円のロードバイクで時速30kmで走れる人が200万円のロードバイクに乗り換えても、スピードアップは時速1～2km程度が関の山ではないでしょうか。

もちろんその差は競技をする選手にとってはものすごく大きいわけですが。

しかし、差は走行性能だけではありません。いい素材が使われているため質感も違うのです。

やはり車と似ているのですが、高い車って、ドアを閉めたときの音やハンドルのしっとりした感触、静粛性など、質感が高いじゃないですか。

高級自転車も同じで、高いものほど質感も優れています。ギアチェンジのフィーリングとか、音とかね。

このように価格と性能は比例するのですが、重要なポイントは、「正比例ではない」という点です。高くなるほど性能の伸びは鈍ります。左の図のようなイメージですね。

だから、実はエントリー～ミドルグレードが一番コストパフォーマンスがよかったりもするのです。

スポーツ自転車の価格と性能の関係

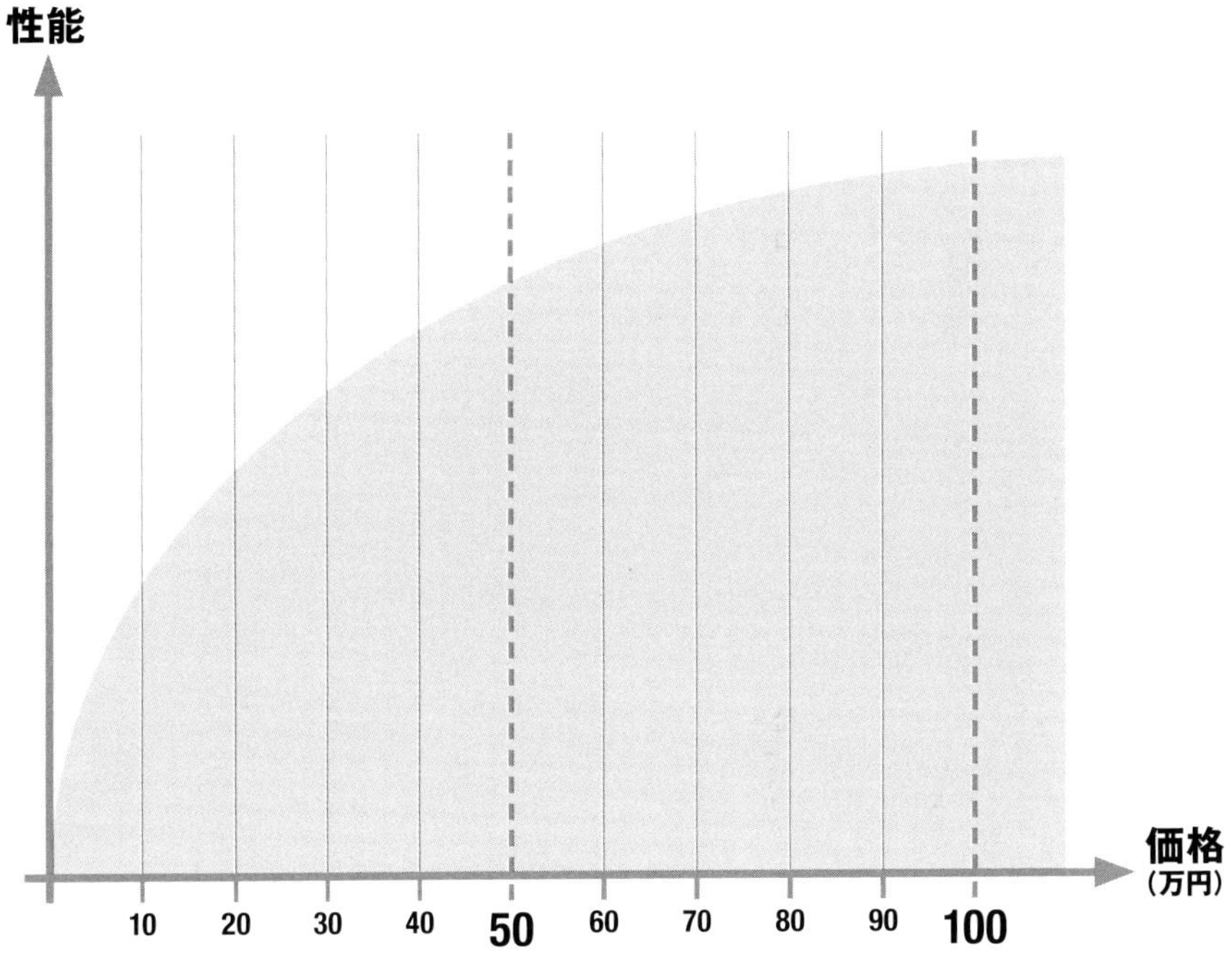

低価格帯ほど、価格アップにつれて性能も急激に向上する。

- □スポーツ自転車の価格差は非常に大きい
- □価格差は、性能差だけではなく質感の差にも現れる
- □エントリー～ミドルグレードがコストパフォーマンスがいい

スポーツ自転車はどこで買う？

3つの買い方がある

スポーツ自転車を買うには、大きく分けて3つのルートがあります。

ひとつは大手量販店。あちこちに大きなお店を出している大規模チェーン店です。

もうひとつは、個人店（プロショップ）。こだわりの店主が一人でやっているような、マニアック度が高いお店です。支店を持っているプロショップもありますが、だいたいは一店だけですね。

そして最後に、通販。主に海外通販です。店頭で買うよりも安いことが多いので近年は人気です。

量販店はあちこちにありますし、購入後のメンテナンスなどのサービスもシステム化されていて明快です。安心感は強いでしょう。品ぞろえもいいですから、店頭で選びやすいのも強みですね。初心者には向いていると思います。

ですが、ご近所にいいお店があるなら、個人店もいいでしょう。品ぞろえは大手量販店には劣りますし、属人的といいますか、店主のキャラに左右される傾向が強いので相性の問題はあるのですが、ディープで有益な情報を得やすいのが強みです。

あと、個人店は地域に根付いていますから、いいサイクリングコースを教えてもらえたり、常連客を紹介してくれることもあるでしょう。いろいろな点で得られるものが多いのです。まあ、そのお店のカラーに合えばですが。

最後にネット通販ですが、初心者は止めておきましょう。何度も書いたようにスポーツ自転車にはメンテナンスが必須ですが、すべてのメンテナンスを自分で行うことはできません。

もし初心者がネットで自転車を買ってしまうと、メンテナンスをしてくれるショップを探してさまよわなければいけません。しかし、どのショップも自分のお店で買ってくれたお客さんが優先ですから、最悪、「ショップ難民」になりかねません。

量販店・個人店・ネット通販の特徴

量販店

メリット
- 品ぞろえのよさ
- システム化されたサービス

デメリット
- ディープな情報が少なめ

個人店

メリット
- ディープな情報や人間関係が手に入る

デメリット
- 品ぞろえは量販店に劣る
- 店との相性の良し悪しがある

ネット通販

メリット
- 店舗で買うより安価なことが多い

デメリット
- すべてのメンテナンスを自分で行う必要がある

- □ 購入手段には、量販店、個人店、ネット通販がある
- □ 初心者向けは量販店だが、個人店もメリットは多い
- □ ネット通販は避けたほうがよい

メンテナンスは「買う」もの

メンテナンスは高度化している

僕がネット通販をお勧めしないのは、近年のスポーツ自転車は高度化し、メンテナンスが難しくなっているからでもあります。

特にブレーキ周りは難しいですね。強力な油圧ディスクブレーキが主流になったのはいいことですが、メンテナンスはかなり難しく、プロのメカニックにとっても簡単ではないレベルです。

ブレーキ以外のメンテナンスも同じ。教本やネットを見ると、一応はメンテナンスのやり方が解説されていますから、機械いじりが得意な方なら自分でできるような錯覚に陥るかもしれませんが、難しいでしょう。

スポーツ自転車のメンテナンスは経験が物を言う世界ですから、読んだだけで実行できるわけじゃないんです。

特にスポーツ自転車の場合、誤ったメンテナンスは命にかかわるおそれがあるのも怖い点です。

自転車を壊してしまっただけで済むならまだマシですが、あなたの体を壊してしまったら、取り返しがつきません。

しかし、プロがいるショップで自転車を買えば、プロに整備してもらえます。自転車を買ったお客さんは優先的に面倒を見ますし、メンテナンス料金を割引してくれるショップも珍しくありません。

それに、パーツや整備に関する深い知識も教えてくれるでしょう。ネットには転がっていない、貴重な情報です。「あのパーツはやめておいたほうがいいよ」とかね。

ショップでの価格がネット通販よりちょっとだけ高いのは事実ですが、その差は、ずっと面倒を見てもらうための先払い金でもあるんです。

そう考えると、ショップの料金は高くないと思いますよ。むしろ割安かもしれません。プロの技術を買えるわけですから。

プロのメカニックの技術を「買う」

ショップで自転車を買うということは、プロのメカニックの技術を買うことでもある。

□ 今のロードバイクは、メンテナンスが難しい
□ ショップで自転車を買えば、優先的にメンテナンスもしてもらえる
□ ショップでの価格は、メンテナンスの技術込みの価格でもある

ショップ選びには要注意！

店との相性がある

自転車を買うならショップで、とお勧めしている僕ですが、ショップならなんでもいいわけではありません。相性の問題があるんです。

僕の調べによりますと、コアな個人ショップになればなるほど、店主のキャラが濃くなります。さらには常連のキャラも濃くなります。店主のファンが集まっちゃっていたりもします。

まあ、どの世界も一緒ですよね。コアなラーメン屋さんには強面の店主がいて、店のルールを守らないお客さんを追い出したりするそうじゃないですか。

だから、個人店で自転車を買うときは、お店との相性を十分に見極めてください。「あ、なんか違う」と思ったら、どんなに安くても、ご自宅に近くても、やめたほうがいいでしょう。後々響いてきます。

その点では、あちこちにお店を出している量販店は気楽ですね。チェーンのラーメン屋さんに入るときにまったく緊張しないのと同じで、ハードルがとても低いのが特徴です。

ただ、その代わりに「至高の一杯」みたいなものには出会えないでしょう。良くも悪くも、店は清潔でサービスはビジネスライク、味はそこそこという感じになってしまいます。決して悪いことではないのですが。

ですから、どういうショップがいいかは、ご自身の性格をよく分析して決めてください。個性的な人とのコアな付き合いを好むタイプなのか、そのへんはさらっと流したいタイプか。

あるいは、どういう雰囲気のお店が合うのかも重要ですね。普段着でのサイクリングを楽しみたい人が、ガチレーサーが集まる店に入ってしまうと、ちょっと居心地が悪いでしょう。

個人ショップか量販店か。また、どちらにしても、自分に合う雰囲気のお店か。それからもちろん、アクセスのしやすさ。以上を考えてお店を選んでください。

ショップにはタイプがある

どのようなタイプのショップが自分に合うのか、よく見極めよう。

- □個人店は店主やショップのカラーとの相性が大切！
- □量販店のほうがビジネスライクな傾向
- □自分の性格、乗り方と合うショップを探そう

カスタムで走りを変える

カスタムの2つの方向

自転車を手に入れ、乗るのにも慣れてきたら、次の楽しみが待っています。

それがカスタムです。スポーツ自転車はカスタムしやすいように作られている、というか、カスタムが前提になっているといってもいいでしょう。カスタムをしないで乗っている人が珍しいくらいです。

カスタムの方向性には2つあります。ひとつは、自分の体に合わせること。サドルの位置やハンドルの角度を体に合わせる「ポジショニング」に近いですが、サドルやハンドルを今よりもしっくりくるものに交換すると、走りは一気に快適になります。

この方向のカスタムで一番重要なのはサドルでしょうね。高さや前後位置をいくら調整してもお尻の痛みが消えないなら、お尻に合ったサドルを探しに出ましょう。

もうひとつはアップグレード、すなわち性能アップを狙うものです。

この方向性でもっともコストパフォーマンスがいいのは、なんといってもタイヤです。ハイエンドのタイヤでも前後で1万円程度で買えますが、走りは劇的に変わります。グラベルロードのタイヤをロードバイク用のスリックタイヤにすれば舗装路の走りは一気に速くなりますし、ロードバイクのタイヤをハイエンドのものに交換しても、走りは軽く、転がり抵抗は小さくなるでしょう。

特にエントリークラスの自転車だと、ついてくるタイヤも安価なものが多いですから、タイヤ交換の効果は大きいはずです。

あとはホイール交換も走りを変えてくれますが、こちらはお金がかかりますので気軽にはいかないでしょう。ハイエンドのロードバイク用ホイールだと前後で40万円もすることがあります。

他にも、細かいものも含め、カスタムできるパーツは無数にあります。走りもルックスも変わりますから、愛車を自分好みに変えられるでしょう。楽しんでください！

カスタムできる主なパーツ

サドル
お尻に合うものに交換。さまざまな形状のものが出ている。

ハンドル
幅や形状を好みのものに交換する。

バーテープ
握り心地だけではなく、好みのカラーに交換することでルックスも大きく変えられる。

タイヤ
走りを大きく変える。ハイエンドタイヤのほうが軽く、転がり抵抗が低く、乗り心地がいい傾向がある。

コンポーネント
変速機やクランクなどの「コンポーネント」も交換可能。上位モデルほど軽く、変速フィールもよい。電動変速のコンポーネントもある。

車輪（ホイール）
タイヤと並び、走りを大きく変える。ただし非常に高価。

□スポーツ自転車はカスタムを前提に作られている
□体に合わせるカスタムと、性能アップを狙うカスタムとがある
□タイヤを交換するだけで走りを大きく変えられる！

自転車仲間を作ろう

楽しみが2倍、3倍になる

スポーツ自転車は、ひとりでも楽しめる趣味です。週末のサイクリングも、自転車旅も、誰にも邪魔されずにひとりで満喫できます。

しかし、自転車は同時に、コミュニケーションの手段でもあるんです。ここは見落とされがちなのですが、僕が強調したいところです。

もう一度書きますよ。自転車は、人との繋がりを楽しめるスポーツでもあるんです。

なんなら、自転車をきっかけに友人を作ることだってできます。

最短ルートはショップですね。行きつけのショップを作れば、自然とそこの常連さんと仲良くなれるはずです。ショップ主催の走行会も多いですから、一緒に走る仲間は簡単に作れます。

最近だとSNSでチームメンバーや一緒に走る人を募集しているのも見かけますね。

人と走ることには、ひとりで走るのとは全く違う楽しみがあります。気持ちよく汗を流しながらの会話も楽しいですしね。

あるいは路上での出会いだってあります。ひとりで走っているとペースが近い他のサイクリストといつの間にか一緒になることがありますが、そんなときはチャンスです。信号待ちのときにでも話しかけてみましょう。「こんちは！」って。

自転車に乗っている最中って、心拍数が上がるせいなのか、気持ちが前向きになっています。だから友達を作りやすいんですよ。

同じスポーツ自転車に乗っている以上、趣味を同じくする仲間です。仲間意識もありますし、話が盛り上がらないはずがありません。

僕は、スポーツ自転車は乗り物であると同時に、コミュニケーションツールでもあると思っています。そのくらい、人と人とを繋いでくれる乗り物なんです。

人と人とを繋ぐスポーツ自転車

スポーツ自転車を通して友人・知人を増やすこともできる。

- □スポーツ自転車はコミュニケーションのツールでもある
- □行きつけのショップで友人・知人が作れる
- □走っている途中に仲間を作ることもできる

ビンディングペダルを使ってみよう

走りの質が高くなる

パート2でご紹介した、シューズをペダルにはめられるビンディングシューズ。「上級者向けっぽいから、自分には関係ないかな」と思われたかもしれませんが、ちょっと待ってください。

ビンディングペダルの効果は絶大です。専用シューズとビンディングペダルを買うと1万円は超えてしまいますが、投資の価値は大アリです。なぜなら、メリットがとても多いから。

第一に、安定します。自転車と体が接する場所は、サドル・ハンドル・ペダルしかないわけですが、そのうちのペダルが足と一体化することの恩恵は、極めて大きいのです。

また、シューズとペダルが一体化するので、ペダリングで足を引き上げる「引き足」もパワーに変えられるようになるため、推進効率も一気に上がります。

さらに、ビンディングペダルは安全でもあります。ペダルを踏み外さなくなるからです。

走行中にペダルを踏み外すと転倒、大ケガの危険がありますが、そのリスクがほぼゼロになるんです。ロードバイクのレースでビンディングが義務づけられているのはそのためです。

「足とペダルをくっつける」と聞くと、停止するときにシューズをペダルから外し損ねて転ぶこと（「立ちゴケ」と呼びます）を恐れる方がいるかもしれませんが、あまり心配しないでください。慣れれば簡単に外せるようになります。

最悪、立ちゴケをしても大ケガを負うことはないでしょう。でも、走行中にペダルを踏み外したら、大変なことになります。

パート2で解説したように、ビンディングペダル&シューズにはロードバイク用の「SPD-SL」とMTBなど未舗装路用の「SPD」がありますが、ビンディングデビューには歩きやすいSPDをお勧めします。

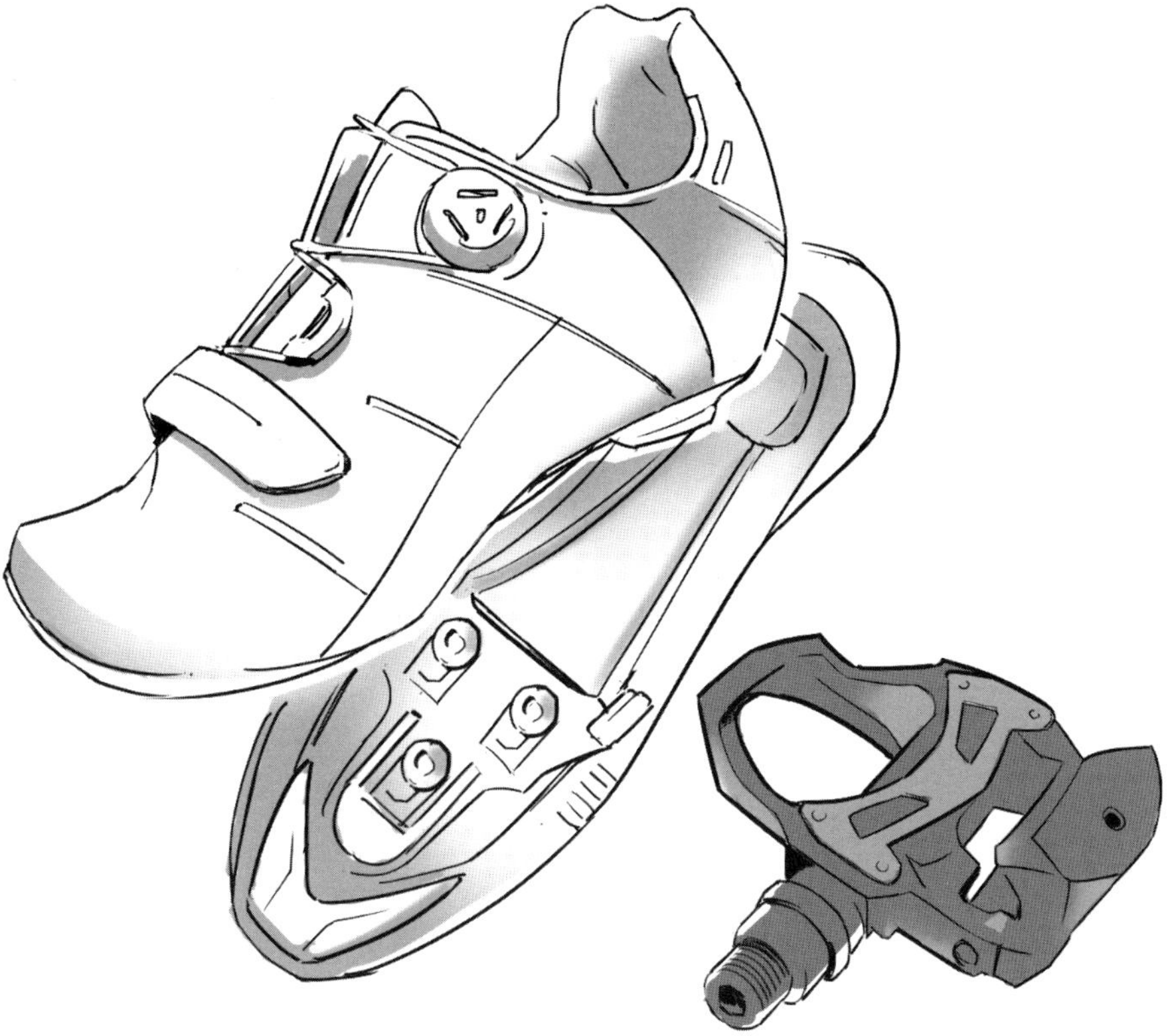

快適で速く、安全なビンディングペダル

ビンディングペダル＆シューズは、効率的なだけではなく安全でもある。

- □シューズとペダルを一体化するビンディングペダルは効率的
- □ペダルを踏み外さないので安全でもある
- □まずは歩きやすい「SPD」タイプがお勧め

自転車ウェアの「おしゃれ」とは

黒基調のモノトーンがお勧め

自転車ウェアの世界にも「おしゃれ」という概念があります。速い選手とそうでない選手がいるように、格好いいライダーと、残念ながらイマイチな乗り手がいるのは事実です。

では、どういうスタイルがおしゃれなのか。ポイントは「モノトーン」です。

自転車のおしゃれで忘れてはならないのは、自転車のデザインも考慮してウェアを選ばなければいけない点です。人車一体ですから、自転車のトーンとウェアのトーンがズレると、ちぐはぐになってしまいます。

じゃあ近年の自転車界ではどういうデザインが流行っているのかというと、モノトーンです。

かつては蛍光カラーや、派手な色づかいが流行った時期もあるのですが、2010年代の半ばぐらいからでしょうか、落ち着いたモノトーンが多くなりました。大々的にフレームに書いてあったメーカーロゴもどんどん小さくなっていって、最近のスポーツ自転車は本当に大人っぽくなりましたね。

というわけで、ウェアもモノトーンを意識して選ぶといいでしょう。

色は黒系を中心とした寒色がお勧めです。全身真っ黒だと忍者になってしまいますが、グレーとかネイビーとか、パープルもいいですね。

重要なのは色数を増やしすぎないこと。特にヘルメットやシューズの色を自転車の色と揃えると、一気に締まります。

スポーツ自転車用のウェアというと、プロ選手が着ているようなピチピチのウェアを思い浮かべるかもしれません。快適性ではあれが最高なのですが、本書で僕が着ているようなカジュアルなものもたくさん出ています。

どちらのタイプでも選び方は同じ。大人っぽいサイクリストを目指してください。

自転車の色も意識したウェア選び

自転車やヘルメットの色も考慮し、トータルでコーディネートしよう。

- □近年の自転車はモノトーンカラーが主流
- □ウェアもモノトーンの落ち着いたものが流行している
- □自転車のカラーとの相性も考えてウェアを選ぼう

自転車で転ぶのは「事故」です

安全なのが、一番格好いい

本書は入門書です。みなさんにスポーツ自転車の楽しさを伝えるのが目的の本ですから、ネガティブなことは書きたくないのですが、「安全」についてだけは、触れざるを得ません。

残念ながら、スポーツ自転車にはケガのリスクがあります。

僕の周囲だけでも骨折などの大ケガを負った人はたくさんいますし、亡くなった選手もいます。

「自転車で転ぶ」というと、歩道で低速で転んでひざを擦りむくようなイメージがありますよね。しかし、車道をかなりの速度で走るスポーツ自転車で転ぶということは、「イテテ」ではすまないということです。転んだところに車がやってくるかもしれません。最悪、命を落とします。

自転車が歩道を走ってしまう日本では、どうも転倒(「落車」と呼びます)への危機感が弱い気がします。でも、スポーツ自転車に乗る以上、意識は改めましょう。スポーツ自転車で転ぶということは交通事故なのです。笑いごとではありません。

とはいえ、過剰に恐れる必要もありません。ちゃんと整備された自転車で交通法規とルールを守って走っていれば、まず転ぶことはありません。

それでもケガをする人が後を絶たないのは、意識の問題が大きいのかもしれませんね。危機感が足りないんですよ。

率直にいうと、自転車界の安全への意識が遅れているのも事実です。驚かないでほしいのですが、レースでのヘルメットが完全義務化されたのは、なんと2004年です。それまでの選手はノーヘルで、もちろんプロテクターもなしで、ときには時速100km近い速度で走っていました。

しかしそんな時代は終わり、今はようやく「安全な走りこそ格好いい」という意識が広まってきました。みなさんも安全に、格好よく走ってください。

スポーツ自転車で転ぶのは、交通事故

車道を走り、速度も出るスポーツ自転車。転んだら「交通事故」だと考えよう。

- □ 自転車で転ぶと大ケガのリスクがある
- □ 車道を走るスポーツ自転車で転ぶのは、とても危険
- □ 転倒することに対して、危機感を持とう

車道を安全に走るために

車道のリスクを知っておこう

自転車は基本的に車道の左側を走りますが、安全に走るポイントは、左に寄りすぎないことです。道路の左の端にはゴミや障害物、側溝、グレーチング(側溝の蓋)などがあり、危ないのです。あまりギリギリを走る必要はありません。

自転車にとって一番危ないのが交差点ですね。各種資料によると、自転車の事故の、実に7割前後は交差点で起こっています。

交差点の何が危険なのかというと、主に2つ。左折車の巻き込みと、対向車線からの右折車との衝突です。

巻き込みの危険性はよく知られていますが、忘れてはならないのが対向車線からの右折車との衝突です。

ドライバーは自転車の速度を低めに見積もる傾向にあるので、自転車に気づいても「行けるだろう」と、アクセルを一気に踏む場合があるのですが、この衝突は相対速度が極めて大きいので、とても危険です。

だから対向車線に右折車がいる交差点を通過するときには、対向車に対して「通りますよ」という感じで手を上げてください。これは道交法で定められた手信号ではないのですが、ドライバーにこちらの存在と意思を伝えるわけです。

交差点に限らず、安全に車道を走るコツはドライバーと意思の疎通をすることです。

ドライバーからすると、何をしたいのかわからない自転車ほど怖い存在はありません。でも、ハンドサインで意思を伝えてもらえれば、一気に不信感や敵対心が消えるんです。

何を考えているのかわからない相手って怖いじゃないですか。でも、コミュニケーションが成立すれば、その瞬間に緊張はほぐれるわけです。

だからハンドサインは重要です。パート4で紹介したものに限らず、ハンドサインは積極的に出してください。あと、サイクリスト同士のハンドサインも有効ですよ。

他者に意思を伝える

ハンドサインは車や他のサイクリストとのコミュニケーション手段。相手の不信感を解きほぐすことができる。

- □ 自転車の事故の7割前後は交差点で起こっている
- □ 左折車による巻き込みと、対向車線からの右折車に注意
- □ ハンドサインなどで他者との意思疎通をする

街乗りは裏道が楽しい

幹線道路を避けて裏道を探す

事故リスクの話ばかりしてしまいましたが、全員が全員、車が少ない郊外を走るわけにはいきませんよね。郊外まで走りに行くとしても、都市部に住んでいる方なら都市部を走る「街乗り」は避けられません。

たしかに郊外や田舎道を走るのは気持ちいいものです。サイクリングを心から楽しみたいなら、車が少ないところまで行くことをお勧めします。

でも、街乗りには街乗りの楽しみがあるんです。山道やサイクリングロードを走るのもいいですが、大都市のど真ん中、ビル街や繁華街を走るのも、それはそれで気持ちいい。夜景を楽しみながら走るなんて、街乗りだけの特権じゃないですか。

カフェめぐりとか古本屋めぐりとか、「○○めぐり」もいいですね。細い路地まで入れるのに長距離の移動もできる自転車向きです。

というわけで、街乗りも強くお勧めする僕ですが、街乗りを楽しむときに重要になるのが、ルート探しです。

一番ダメなのは、目的地までの最短ルートを走ってしまうこと。だいたいは幹線道路になると思うんですが、車と信号が多い幹線道路は自転車には向いていません。危険ですし、走っても面白くない。

でも、よくマップを見ると、幹線道路から一本入ったところに信号が少ない、いい感じの道がありませんか？　そういう道こそ自転車向きです。気持ちいい風景が広がっていることも多いですしね。

大型トラックが走っているような幹線道路は避けて、少し細い裏道を探してみましょう。ちょっと遠回りになっても、結果的に裏道のほうが早かったりもします。

街乗りのポイントは裏道です。細い道も走れる自転車の強みを活かし、野良猫のように、いい感じの道を嗅ぎ当ててください。

幹線道路は避けよう

交通量が多く、危険な幹線道路。走る面白味にも欠ける。

- □街乗りには街乗りの楽しさがある
- □最短ルートは幹線道路になりがちだが、幹線道路は危険
- □幹線道路から一本入った、快適な裏道を探そう

信号待ちはスタイリッシュに

止まっているときこそ差がつく

ウェアの選び方の話をしましたが、どんなに格好いいウェアを着ていても、立ち振る舞いがイマイチだと台無しです。

僕は車に乗っているときも車道のサイクリストをよく観察してるんですが、いやあ、かなりの差がありますね。振る舞いの格好よさには。

どの分野も同じかもしれませんが、慣れた人ほど格好よく、初心者ほどギクシャクする傾向にあります。

特に差がつくのが信号待ちですね。あの時間を優雅に過ごせるかどうかが勝負だといっても過言ではありません。

では、サイクリストにとってのスマートな、格好いい信号待ちとは、どのようなものか。キーワードは「余裕」です。

ツール・ド・フランスなどのプロ選手がレーススタートを待っているときの姿、実に格好いいですね。余裕があるからです。

余裕のある信号待ちスタイルには緊張感がありません。

まず、サドルからはお尻を下ろし、片脚をすらっと路上につく。サイクリングで鍛えた美しい脚を見せつけるわけです。

重要なのが上体で、キョロキョロしてはいけません。余裕あるサイクリストはキョロキョロしません。遠い空を見つめ、ため息のひとつでもついてください。けだるさまで演出できれば一流です。

腕を組んだり、ハンドルバーに肘をつくのもいいですね。プロ選手もよくやるのですが、余裕な感じが出ます（ご自宅でよく練習してからにしましょう）。とにかく、力まないことです。

必死なのはダメです。

いや、別に必死でもいいんですが、必死であることが周囲から見て取れるようじゃダメ。信号待ちで、ハンドルを両手で握りしめて、汗をかきながら肩で息をしているようなのはNGです。初心者丸出しです。

行者用押ボタン
が青になってから渡りましょう

スタイリッシュな信号待ちスタイルとは

「必死さ」が見て取れるのは初心者。けだるい雰囲気の、余裕があるサイクリストを目指そう。

- □信号待ちスタイルは、初心者と慣れたサイクリストの差が出やすい
- □初心者ほど力みがち。余裕あるスタイルで信号を待とう
- □ハンドルバーに手をついたり、上半身で余裕を演出する

あえてゆっくり走る「LSD」

体力の基礎を作る

スポーツ自転車に乗ると、ついスピードを出したくなるかもしれません。でも、プロ選手たちも、あえてゆっくり走ることがあるんです。

それは「LSD」と呼ばれるトレーニングです。LSDとは「Long Slow Distance」の略称で、長距離をゆっくり走る、という意味です。

LSDはプロがオフシーズンにやるような、体力の基礎を作る伝統的なトレーニング方法で、初心者にも有効です。有酸素能力のベースを作るんですね。

LSDは楽ですから、長時間続けられます。その意味では健康増進効果も大きいですよ。脂肪も燃えますから、ダイエットにも向いています。

LSDのポイントは、がんばりすぎないこと。ついペダルを踏んでスピードを出したくなってしまいますが、ぐっとこらえましょう。長く続けられる、のんびりペースで走るのがLSDです。

運動の「きつさ」のことを運動強度と呼びますが、強度が上がるほど運動を持続できる時間も短くなります。走ることを考えてください。全力走はあっという間に限界を迎えますが、のんびり歩くように走れば、いつまでも走り続けられますよね。LSDは、運動強度を低く保つことで長時間続けるのです。

具体的には、会話ができるくらい、息に余裕がある状態をキープしてください。じわっと汗をかくくらいです。肩でゼエゼエ息をするようでは、LSDではありません。

LSDのいいところは、きつくない点です。いくらでも続けられますし、血のめぐりがよくなるせいか気持ちも明るくなります。あと、頭が鮮明になっていろいろなアイデアが降りてくるんです。繰り返しになりますが、健康にもいいですしね。

休日にじっくりLSDをしてシャワーを浴びると、あらゆる意味で前向きになっている自分に気づくはずです。いいですよ、LSD。

あえてゆっくり走るLSD

意図的に遅いペースで走り、体力のベースを作るのがLSDだ。きつくないので続けやすい。

- □ のんびりしたペースで長距離を走るのがLSD
- □ 有酸素運動能力の基礎を作れる
- □ 気持ちが前向きになったり、ダイエット効果もある

サイクリングロードを楽しもう

サイクリングの定番ルート

街乗りの楽しみ方はお伝えしましたが、せっかくスポーツ自転車を手に入れたなら、車がいない気持ちいい場所を走りたい。そんな人にぴったりなのがサイクリングロードです。

サイクリングロードとは、都市に近い川沿いを中心に整備されている、自転車が走りやすい道のことです。車がおらず、信号もないので、のんびりと、走ることに集中できます。

大都市近郊の川沿いにはだいたいサイクリングロードがありますが、２０１６年に自転車の活用を後押しする「自転車活用推進法」が成立してからは、地方自治体がサイクリングロードを整備したりと全国的に追い風が吹いています。みなさんのお住いのそばにもサイクリングロードがあるはずですから、探してみましょう。

気持ちいいですよ。風景も開けていますし、信号と車がないことがどれほど素晴らしいのか実感できるはずです。選手だったころの僕も、ＬＳＤトレーニングをサイクリングロードでやっていたなあ……。

そうそう、車はいないサイクリングロードですが、その９割以上は自転車「専用」ではありません。歩行者やランナーもいます。

車に対しては交通弱者だった自転車も、歩行者に対しては交通強者ですから、最大限の配慮が求められます。

歩行者を抜くときに徐行するのは当然ですが、抜きたいのにこちらの存在に気づいてもらえない時はどうするか。間違ってもベルなんて鳴らしてはいけません。

そんなときは、軽く音を出すのがお勧めです。ペダルを漕ぐのをやめて「ジャー」という音を出してもいいですし、ブレーキレバーを軽く握ってからパッと離すと、カチンという音がしますよね。あるいは声をかける。音で存在に気づいてもらえると、道を空けてもらいやすいはずです。

サイクリングロードでは歩行者と共存しよう

歩行者の脅威にならない走りを心がけよう。

- □サイクリングロードなら、車や信号を気にせず走れる
- □川沿いにはサイクリングロードが整備されていることが多い
- □音を出すと歩行者に気づいてもらいやすい

駐輪には気をつけて

自転車を固定物につなぐ

街乗りでもサイクリングロードでも、駐輪をする機会があるはずです。

スポーツ自転車での駐輪はママチャリのそれとはかなり違います。

まず、盗難リスク。スポーツ自転車は、ママチャリ以上に狙われると思ってください。軽くて高価ですから、盗む側にとってはとてもありがたい（?）存在なのです。

ですからカギをするのは当然ですが、車輪が回らないようにするだけでは不十分です。ひょいっと担いで持っていかれてしまいますから、固定物にくくりつけるようにしてください。長めのロックをお勧めするのはそのためです。

そもそも、スポーツ自転車には基本的にスタンドがついていません。駐輪するときには何かに立てかける必要があります。なので、その「何か」ごとくくれる長さがあるカギを選んでください。

ただ、どんな頑丈なロックでも、プロの窃盗犯のカッターには対抗できません。あまりロックを過信せず、目の届かないところに長時間駐輪するのはやめましょう。

その意味では人気のない場所にとめるのもよくないですね。一見、盗まれにくそうに思えるかもしれませんが、見えない場所は悪さもしやすいということです。

違法駐輪が社会問題化していることを考えると、なるべく商業施設に多い駐輪場にとめるのがいいですね。

細かいことですが、コンビニ休憩などで短時間とめるときは、もちろんカギはかけるとして、車体の右側を壁に立てかけるといいでしょう。万が一、風などで倒れたときに、変速機がある右側を守れます。

ドライブトレインがついている右側は、弱点でもあります。特に変速機は、ぶつけると曲がってしまい、最悪の場合、走れなくなるおそれがありますから、慎重に扱ってください。

駐輪時の注意
固定物にくくりつければ盗まれにくい。

□スポーツ自転車には盗難リスクがある。必ずロックはかける
□地上の固定物にくくりつけると、持っていかれるリスクが減る
□駐輪するときは車体の右側を立てかける

誰でも100kmは走れます！

「走る」と「歩く」を区別しよう

スポーツ自転車の強みのひとつは、誰でも長距離を走れる点です。たとえば、特にスポーツをしていない女性がロードバイクに乗り始めたとしても、ちょっと慣れれば100kmや150kmくらいは走れるでしょう。

自転車で100km!?　と思われるかもしれませんが、実は、スポーツ自転車にとっては大した距離ではありません。ちょっとしたコツさえ意識すれば、誰でも走れます。

歩くことに例えてみましょう。1日5時間歩くことは、たぶん誰にでもできると思います。ハイキングならそれくらい歩きますよね。同じように、スポーツ自転車で5時間走れれば、100km前後にはなります。はい、これで100km走れることがわかりました。

……きつそう？　うーん、それは「歩く」と「走る」を混同しているからではないでしょうか。

5時間のハイキングに行くとして、走る人はいませんよね。バテるに決まっています。

しかし自転車で5時間走るとなると、なぜか、多くの人は「走って」しまうのです。それでは最後まで持ちません。

ロングライドのコツは、走らずに「歩く」こと。自転車で歩くというのも変ですが、要するに徒歩で歩くときのように、ゆっくりしたペースで走ってください。最初は時速20kmくらいでしょうか。

それから、100kmを走ると1500kcal以上のエネルギーが必要ですから、途中で数百kcal程度は補給食が必要です。あんパンなど、エネルギーに変わりやすい甘いものが定番ですね。補給が足りないと「ハンガーノック」と呼ばれる低血糖状態に陥りますから、危険です。もちろん、水分も忘れずに。

自分の体に合った自転車に乗り、歩くくらいのペースで、水分と補給食を摂りながら走れば、誰でも100kmは走れるはず。次の休日にチャレンジしてみませんか？

ロングライドのコツ

食べ物と水分を摂りながら、ゆっくりしたペースで走ろう。誰でも100kmは走れるはずだ。

- □ 100kmは、スポーツ自転車にとっては現実的な距離
- □「歩く」ことを意識してゆっくりしたペースで走るのがポイント
- □ 必ず補給食と水分を摂ること！

サイクルコンピュータを買ってみよう

走りを数値化する楽しみ

車やオートバイには必ず付いてくるスピードメーターですが、自転車用のものも各社から出ています。それを「サイクルコンピュータ」と呼びます。「サイコン」と略す人が多いですね。

サイコンは非常に値段の幅が広く、3000円しないようなモデルから、10万円を超えるものまであります。

価格差は主に計測できる項目の差ですね。エントリーレベルだと速度、走行距離、時間くらいですが、高級モデルだとGPS機能が付いていたり、心拍数や乗り手のパワー（出力）を測れたりします。

最初は安価なものでいいと思いますので、サイコンはぜひ買ってください。とても楽しいからです。装着も簡単ですから、心配はいりません。

走りを数値化することはそれだけで楽しいんですよ。「今日は○○kmも走ったな」とか、走りを客観的な数値で振り返れるからです。

逆に、目標を立てる上でもサイコンは役立ちます。「今日は○○km走ってみよう」とかね。

数値には魔力があります。心拍数やパワーを測れるサイコンがあると書きましたが、ハマると、数値なしでは走りを楽しめなくなってしまうくらいです。

トレーニングに打ち込んでいる人に多いですね。

まあ、そこまで夢中になるのはどうかと思いますが、走りを数値化するのは楽しいものです。消費カロリーが測れるモデルも多いので、健康管理にもいいですね。

スマートフォンをハンドルに装着してサイコンがわりにする方法もありますが、操作に気を取られて危険なのでお勧めしません。それに、機能面でも、専用のサイコンにはかないません。

数千円の投資で走りをぐっと楽しくしてくれるサイコン。普通に乗ることに慣れてきたら、ぜひ買ってみてください。

サイクルコンピュータで走りがもっと楽しくなる

サイクルコンピュータは、振り返りにも、目標を立てるのにも役立つ。

- □速度や走行距離を測れるサイクルコンピュータ
- □高いものほど多機能だが、安価なモデルは数千円で買える
- □走りを数値化できるとモチベーションが上がる

もっと速く走りたい!

乗れば乗るほど速くなる

個人差はあると思いますが、ある程度スポーツ自転車に慣れてくると、「もっと速く走りたい」という欲求がムクムクと育ってくるかもしれません。特にロードバイク乗りですね。

速くなる手段は3つあります。エンジンを鍛えること、エンジンを軽くすること、そしてチューンナップです。

自転車のエンジンは人間ですから、速さの90％は乗り手で決まります。だから、乗り手を鍛えるのが王道にして最短ルートです。

どうやって鍛えるかは次のパートでお伝えしますが、一言で書くと「たくさん乗りましょう」ということになります。乗れば乗るほど速くなります。

それから軽量化も大事ですね。スポーツ自転車は10kgくらいしかありませんから、エンジン（人間）も含めて考えると重量の大半は乗り手です。だから、ダイエットをすると一気に速くなります。特に上りは全然違いますよ。

乗っていればどんどん贅肉は落ちていきますから、エンジンを鍛えることとダイエットはセットといってもいいでしょう。乗れば乗るほど速くなるわけです。

最後に、チューンナップ。機材のアップデートです。

一番コストパフォーマンスがいいのはタイヤですね。特にブロックタイヤがついているグラベルロードは、舗装路専用のスリックタイヤに交換すると一気に速くなるでしょう。ただ、未舗装路は走れなくなります。

他にも車輪を交換したり、回転部分の抵抗を減らすためにベアリングを交換したりなど細かいチューンナップもありますが、かなりお金がかかります。

それに、チューンナップで得られる効果はエンジンの性能向上に比べると微々たるものです。まずはエンジンを鍛えましょう!

自転車のエンジンを軽量化する

自転車より乗り手のほうがずっと重い。だからダイエットは効果的だ。

- □乗れば乗るほど速くなる
- □ダイエットで自身を軽量化するのは効果大！
- □チューンナップでも速くなるが、効果は小さい

自転車で旅に出よう

自転車の根源的な楽しみ方

僕は元選手ですが、そもそもスポーツ自転車に興味を持ったきっかけは、実は旅なんです。親とハイキングに行ったときに自転車で来ている人たちを見かけて、「あれは何だろう」と思ったんですね。

その後いろいろあり、選手として、あるいは監督や解説者、レース主催者として自転車競技にかかわる人生を送っている僕ですが、スタート地点は旅だったんですよ。

自転車旅は、自転車の楽しみ方の代表格です。自分の脚で遠くまで行く。あの感動は、ちょっと他の何にも代えがたいですね。

日帰りサイクリングも旅といえなくもないですし、ホテルに泊まりながらとか、テントを積んで野宿するとか、いろいろなスタイルがあるのも自転車旅のいいところです。ライフスタイルに合わせて旅ができるんです。

自転車を袋詰めして電車や飛行機に乗る「輪行」も、ぜひおすすめしたいですね。輪行ができると旅の範囲が一気に広がります。パート3で解説したように、スポーツ自転車は簡単にバラせますから、輪行もとても簡単です。

僕がおじいさんになったらやりたいのが、お城めぐりです。自転車で日本中の名城をめぐるんです。何年計画になるかわかりませんが、時間ができたらやってみたいなあ。

お城に限らず、テーマを決めた自転車旅は楽しいと思いますよ。自転車は小回りがきくし、輪行で持ち運びもできるので「○○めぐり」にとても向いた乗り物だと思います。

つまり、旅の手段としての自転車は、非常に自由度が高いんですね。期間も、距離も、テーマも。

こんな旅向きの乗り物を手に入れたんですから、旅に出ない手はありません。次の週末、チャレンジしてみませんか？

自転車で旅をする

さまざまなスタイルの旅に対応できるのが自転車。テーマを決めて旅に出てみよう。

- □ 旅は、自転車の楽しみ方の代表
- □ 日帰りから長期間のテント泊まで、旅の幅は広い
- □ 自転車は、旅の手段としてとても自由度が高い

コラム

「組み合わせ」が楽しむコツ

自転車の楽しみ方をお伝えしてきましたが、正直いって、ごく一部しか伝えられていないと思います。それほど、自転車は楽しみ方の幅が広い乗り物なんです。

汎用性が高い、といったほうが正確かもしれません。どんな目的とも組み合わせられるのが自転車なんです。

ダイエットや健康増進、通勤・通学はいうまでもありませんが、どんな趣味ともセットにできると思いますよ、自転車は。

なので、自転車を楽しむポイントは「組み合わせ」だという結論になりそうです。

自転車×通勤、自転車×旅、自転車×エクササイズ……。

個人的な野望は自転車でのお城めぐりだと書きましたが、これは自転車×お城めぐりですね。

日本を含めて世界的に自転車の利用を推進するようになったのも大きいですね。自転車と組み合わせられる遊びはもっと増えていくでしょう。

みなさんにもいろいろな趣味があると思いますが、それらを自転車と組み合わせてみてください。移動を自転車にするだけでも、新しい楽しみが生まれるのではないでしょうか。

自転車の楽しみ方は無限大です。

Part6
自転車レースは人生だ

自転車競技とは

自転車レースと競輪は別物

競技としての自転車についてお伝えするこのパートですが、まず触れなければいけないのは、「自転車レース＝競輪ではない」ということです。

日本で自転車競技というと競輪だと思われがちですが、あれは数ある自転車競技の一ジャンルである「トラックレース」の、さらに一ジャンルです。ちなみに、トラックとは板張りの屋内競技場のことですね。

自転車レースはトラックレースの他にMTBやシクロクロスなどのオフロード系の競技もありますが、世界的に見ると、主流なのは「ロードレース」と呼ばれる競技です。

ロードレースは、２００人弱の選手が公道を舞台にして競い合うレースです。距離は２００km前後が多いですね。

普通は10名弱のチームで争われるチーム戦なのですが、優勝者はひとりだけ。チーム競技でありながら個人戦でもあるという、けっこう複雑なスポーツです。

チームは1名の「エース」とエースを助ける「アシスト」たちで構成されます。監督はアシストという駒をうまく使い、エースを勝利に導きます。頭脳戦という点では将棋やチェスにも似ているでしょうか。

夏のフランス全土で行われるツール・ド・フランス（ツール）が、このロードレースの頂点です。ツールに出場する選手たちは、海沿いの街からアルプスやピレネーまで、３週間かけて３０００km以上の距離を走り、優勝を争います。

コースは毎年異なるのですが、ゴールだけは決まっています。それが、パリのシャンゼリゼ大通り。

ツールは必ず、夏のシャンゼリゼに帰ってきます。だから、シャンゼリゼはサイクリストにとっての聖地なのです。

シャンゼリゼ。それは、かつて僕が目指していた場所でもあります。

サイクルロードレース

公道をコースとして大勢の選手が競い合うサイクルロードレースは、もっとも代表的な自転車競技だ。

□ 自転車競技にはいくつもの種類がある
□ 競輪はその一部
□ もっとも知られた自転車競技がサイクルロードレース

僕はツール・ド・フランスを目指していた

高校を中退して渡ったフランス

なぜこんなにも饒舌になるのかというと、僕は昔、ツール・ド・フランスを目指していたからです。

ハイキングに行った山でスポーツ自転車の存在を知った僕ですが、すぐにツールの存在を知り、夢中になります。最初は競技としての面白さというより、視覚的な美しさに引き込まれた記憶があります。色とりどりのジャージを着た選手たちがロードバイクでフランス全土を駆け抜ける光景に、栗村少年は魅了されたのでした。

やがて競技をはじめた僕は、何を思ったか、高校を2年生で中退し、アルバイトをして貯めたお金でフランスに渡ります。ツール・ド・フランスを走るプロ選手になるため、本場であるフランスに自転車留学をしたのです。1980年代末のことです。

そこで僕が見たのは、スポーツ自転車が生活に根付いている社会でした。自転車競技が、ちょうど日本でいう野球のようにポピュラーなんですね。

日本だとそのへんの公園で少年たちやおじさんたちが野球をしているじゃないですか。同じような感じで、自転車レースがあちこちにある。甲子園じゃないですが、「オレは若いころ、〇〇のレースに出たんだぜ」みたいな会話が当たり前にある。

そんな国ではみんながマナーよく自転車に乗りますし、自転車の地位が高いから、車にクラクションを鳴らされたりもしません。競技レベルの高さ以前に、そこが衝撃的でした。

その後プロ選手になった僕は、国内の名門、シマノレーシングを経てヨーロッパのチームにも入れましたが、ツールにたどり着くことはできませんでした。

しかし、高校生の時にフランスで見た光景は今も頭に焼き付いています。それは自転車が市民権を得ている社会でした。僕は、いつか、日本もそうなってほしいと願っています。

スポーツ自転車が活きる社会

自転車のマナーがよく、社会からリスペクトもされている。それがフランスだった。

- □ 自転車競技の本場はヨーロッパ、中でもフランス
- □ 自転車競技がメジャーで競技人口が多い
- □ フランスでは自転車の地位が高く、社会に組み込まれている

自転車レース・イベントが身近になった

日本でもイベントが増えてきた

フランスで自転車競技がメジャーなことと、自転車の地位が高いことには明らかに関係があります。

フランス以外にも、たとえば「国技」といわれるほど自転車競技が盛んなベルギーに行くと、自転車に優しい街になっていることはいうまでもないのですが、買い物に行く主婦どうしが、プロ選手のように一列の隊列を組んでいたりします(「トレイン」といいます)。

ひるがえって日本はどうかというと、残念ながら自転車の地位は極めて低いといわざるを得ません。しかし近年、自転車への追い風が吹き続けていることで、状況はかなりよくなってきました。

ということは、冒頭の理屈からいうと、日本でも自転車競技への関心が深まってきたということです。

実際、自転車の大会はずいぶん増えました。大会という書き方をしたのは、レースではないイベントも多いからです。ロングライドとか、グルメライドとかですね。

レースもたくさんあります。

左ページにまとめましたが、初心者にお勧めしたいのは山を登るヒルクライムレースですね。スピードが出ないので安全な上、タイムで脚力がわかりますし、なんといっても壮大な光景を楽しめます。

サーキットなどを時間内にどれだけ走れるかを競うエンデューロレースも多いですね。他にも、コーナーの多いコースを周回するクリテリウムや、公道のロードレースもあります。

これらはロードバイク向けのレースですが、もちろん、オフロードのレースもあります。

ＭＴＢレースもいいですし、競技用グラベルロードとでもいうべき「シクロクロス」のレースは、初心者クラスにはグラベルロードでも参加できる場合がほとんどです。気負わずに参加できますよ。

スポーツ自転車のレース

ロードレース

- ➡ 公道を長距離走り、優勝を競う
- ➡ 体力やスキルなど、総合的な力が問われる

ロングライドイベント

- ➡ 走りやすいコースでのロングライドを楽しむイベント
- ➡ 他人と走ることを楽しめる。景品がもらえる場合も

ヒルクライムレース

- ➡ 舗装された山道を登り、タイムを競うレース
- ➡ 低速なので安全。絶景が楽しめる

エンデューロ

- ➡ サーキットなどで、時間内にどれだけ走れるかを競う
- ➡ 集団走行技術が問われる
- ➡ 鈴鹿、もてぎなど有名コースでも行われる

クリテリウム

- ➡ 短いコースを周回し、優勝を競う
- ➡ コーナーリングの技術が問われる

シクロクロスレース

- ➡ オフロード競技用の「シクロクロス」のレース
- ➡ 初心者クラスならグラベルロードでも出場できる

- □ 日本でもスポーツ自転車のイベントが増えてきた
- □ 勝敗を競わない大会も多い
- □ ヒルクライムレースが初心者向け

上りで自分の力を測ってみよう

タイムで脚力がわかる

まあ、現段階では「レースに出るほどじゃないよ」という方が多いとは思います。ただ、スポーツ自転車に乗っている以上、自分の速さはどの程度か気になるのではないでしょうか。

しかしスピードを追求するのはあまりお勧めできません。まず危ないですし、速度はさまざまな条件で変わるので参考にならないのです。同じ出力で走っていたとしても、速度は風向きや路面状況、勾配によって大きく変わるからです。

ですが、安全に、しかも手軽に自分の力を測る方法があります。それがヒルクライムです。速度が低くなる上りは風の影響を受けにくいので、タイムがそのまま脚力の指標になるというわけですね。

近場で交通量の少ない上り坂を探してください。あまり短いと精度が低いので、そうですね、最低でも3～4分はかかる上りがいいでしょう。

そこを全力で上り、タイムを計ります。多くのサイクルコンピュータ（150ページ）にはタイム計測機能がついているので活躍してくれるでしょう。

そのタイムこそ、あなたの脚力、つまりエンジンとしての性能です。専門的にはパワーウェイトレシオ（体重当たりの出力）といいますが、車好きの方なら聞いたことがあるかもしれませんね。

特に有名な峠なら、ネットで調べると他のサイクリストがどのくらいのタイムで上っているのかが見つかるはずです。

さて、あなたのタイムは、どんなものでしたか？

週末が来るたびに、各地の名物峠ではサイクリストたちが必死に頂点を目指す光景が見られるはずです。彼ら彼女らは、1秒でもタイムを更新できるよう、過去の自分と戦っているんですね。

ヒルクライムで自分の力を測る

タイムがそのまま脚力を表すヒルクライムは、自分の力を試すのに最適だ

- □ 平地のスピードはさまざまな条件に左右されてしまう
- □ 上りのタイムは風の影響を受けないため、脚力の指標になる
- □ 有名な峠は多くのサイクリストたちがタイムを残している

速くなりたいと思ったらトレーニング！

継続こそ力なり

速くなりたいと思ったら、トレーニングをしてみましょう。トレーニングといっても決して特別なことではありません。自転車のエンジンの性能を上げるチューンナップとでも考えてください。

よくいわれるように、トレーニングには3つの原理があります。①過負荷の原理、②可逆性の原理、③特異性の原理、です。

難しそうに聞こえるかもしれませんが、要するに、①日常生活以上の負荷を体にかけよう、②サボると元に戻るぞ、③トレーニング内容によって効果は変わります、という話です。まあ、当たり前の話ですよね。

③については168ページで触れます。①は、よほどのんびり走らない限り体には負荷がかかるから大丈夫でしょう。

重要なのは②で、つまり継続が大事だということです。突然「トレーニングするぞ！」と思い立って倒れるまで走っても、それっきりでは意味がありません。それよりは、たとえば週に2回など頻度を決めてコツコツと走るほうが効果的です。

逆にいうと、少しずつでも定期的なトレーニングを継続できれば、びっくりするほど速くなるということでもあります。初心者なら週に数回の通勤ライドだけでもめきめきと速くなると思いますよ。

だから、実はトレーニングで一番大事なのは、内容より継続です。そして継続するために必要なのは目標の立て方です。モチベーションの管理といってもいいですね。

ポイントは、自分自身と向かい合うこと。サボりたくなるのはみんな一緒ですし、モチベーションだってだんだん低下します。そんな自分を、どうやれば奮い立たせることができるか。

ロードバイクでのトレーニングが人気なのは、自分と向かい合うことができるからかもしれません。

トレーニングの3原理

過負荷の原理

体に、普段以上の負荷をかけること。

可逆性の原理

トレーニングをやめると体は元に戻っていく。

特異性の原理

刺激（負荷）の種類によって得られる効果も変わる

□ トレーニングには普遍的な３つの原理がある
□ 定期的に継続することが速くなるポイント
□ 自分のモチベーションを維持する手段を考えよう

走りの「強度」を意識しよう

どの領域でトレーニングするか

トレーニング内容によって効果も変わるという「特異性の原理」ですが、ではどのようにトレーニング内容を分ければよいのでしょうか。

もっとも基本的な区分が「運動強度」による分け方です。強度とは運動の「きつさ」のことで、のんびり漕ぐのは低強度、ガシガシと漕ぐのは高強度ということです。

もう少し科学的な表現をすると、運動強度が上がるにつれ、酸素を消費する有酸素運動から消費しない無酸素運動に切り替わります。鼻歌まじりでゆっくり走るのは有酸素運動ですが、全力疾走は無酸素運動です。

ただし、有酸素運動がいきなり無酸素運動に切り替わるわけではないので、両者の間に重複する領域があります。すると、運動強度は3段階になるということですね。

自転車レースでは、この3つの強度の力がすべて必要です。長時間のレースは有酸素運動なので、有酸素運動の強度でトレーニングをし、スタミナをつけなければいけません。

しかしレースの勝負どころで急加速したり、ゴールめがけて全力走をするのは無酸素運動なので、無酸素運動も重要です。

ただ、無酸素運動は数十秒くらいが限界ですし、有酸素運動はレースのペースとしては遅すぎます。だから、無酸素運動と有酸素運動が重なる領域も大事です。ヒルクライムなどは、この領域での運動です。

どの領域のトレーニングが必要かは個人や狙うレースによって変わります。だから強度管理は大切なのです。

運動強度は主観でもある程度判断できますが、より厳密に計測したいなら心拍計か、出力を測るパワーメーターが必要です。お手軽なのは心拍計ですね。

まあ、最初は主観でも問題ないでしょう。3つの強度を意識して走ってみましょう。

運動強度の3段階

高

無酸素運動

➡全力走
➡数十秒くらいが限界
➡ゴールへの全力走や急加速など

無酸素／有酸素運動

➡無酸素と有酸素の中間
➡いわゆるレースペース。レースはこの強度で進むことが多い

強度

有酸素運動

➡鼻歌が歌えるくらいの強度
➡原則として、ずっと運動を継続できる強度
➡LSDはこの強度に入る

低

□トレーニングは「運動強度」によって区分できる
□運動強度は、有酸素～無酸素の３段階に分けられる
□どの領域が重要かは狙うレースや個人によって異なる

「逆立ち」に要注意！

手段と目的を区別しよう

具体的な話になってきましたね。こういう細かい話になると忘れがちなのが、手段と目的の区別です。

僕がこれまでに書いてきたトレーニング本でも口を酸っぱくして繰り返してきたことですが、どうも人は手段にばかり目が行ってしまうらしく、つい手段と目的とを混同して「逆立ち」してしまうんです。

「速くなるための○○メソッド」みたいなことを言いだすと、多くの人が興味を持ってくれます。もちろんこの場合、「○○」が手段で、速くなることが目的ですよね。

ところが、すぐに手段である「○○」の部分が独り歩きし、目的化してしまいます。で、やがて「○○をするためにはどうすればいいですか」「どうしても○○ができないんです」みたいな質問が来たりします。

逆ですよね。速くなることが目的なのに、手段のほうにとらわれています。この例なら、速くなりさえすれば「○○」は不要なのに、そっちが目的になってしまっている。手段と目的が入れ替わっているんです。

トレーニングに限らず、たとえばダイエットや勉強などについても、手段と目的の逆転はよく見られるようです。ダイエット方法にやたらと詳しい人みたいに、手段マニアになってしまったり。特に、心拍数やパワーなどのように数値が絡む手法には、人を魅了する何かがあるようです。

もちろん、本人が楽しいならそれでいいのですが、手段しか見えなくなると行き詰まりがちなのも事実です。目的への道筋がたくさんあることを忘れてしまい、特定の手段しか見えなくなるからでしょうか。

情報があふれる現代の宿命かもしれませんが、「自分は今、何を目的にしているのか？」と常に自問自答したほうがよさそうですね。

あなたは、何のために走っているのですか？　逆立ち、していませんか？

何のために走るのか

トレーニングを意識すると、手段と目的が逆転しがち。そもそも何のために走るのかを忘れないようにしよう。

- □ 人は細かい手段にとらわれがち
- □ 手段と目的がしばしば逆転してしまう
- □ 目的と手段との区別を常に意識する

ロードレースは人生だ

走ることは人生に似ている

この本は初心者向けなのに、急にこのパートでトレーニングの話をしたのは、僕が人生を捧げてきた自転車レースにはなにか、非常に重要なものがあると信じているからです。

本場であるヨーロッパにはこんな言葉があります。「サイクルロードレースは人生に似ている」と。

その通りだと思います。山もあれば谷もある、雨も降れば、猛暑に苦しむこともあるでしょう。そんな舞台で、大勢の選手が一斉にスタートして競い合う。レースの過程ではライバル同士が一時的に手を結んだり、あるいは離反したり、感情的なやりとりもあったり。本当に人生そのものなんです。

サイクルロードレースの特徴は、めったに勝てないことです。100人以上の選手で競うわけですから、勝率は1%以下。正直いってキツイ競技です。トレーニングも苦しいですしね。

でも、どの選手にも、不意に輝く時がやってくるのも事実です。とても複雑な競技ですから、常に強い選手が勝てるわけではないのです。そのあたりも人生ですね。

別にすべてのサイクリストがレースに出る必要はありません。そもそも、自転車で走ること自体が人生に似ている、ともいえますからね。人生を旅に例える言葉もありますが、もしその通りなら、自転車で家を出てから帰るまでが小さな人生だともいえます。

頼りになるのは自分の脚だけ。道中ではいいこともありますが、悪いことも起こる。風景は後ろに流れ続け、二度と同じ景色に出会うことはありません。そしてふと、遠くまで来ている自分に気づく……。

レースも旅も、自転車に乗るということは人生を生きることに似ているのです。

人生を楽しむように、自転車を楽しんでください。

人生はサイクリングに似ている

変化し続ける環境を、自分の脚で走りぬく。サイクリングは人生そのものといえる。

- □ サイクルロードレースは複雑な競技
- □ 自分の脚の力だけを頼りに遠くまで行く。それが自転車の醍醐味

おわりに

ようやくたどり着いたスタートライン

選手や監督、あるいはレース解説者として長くスポーツ自転車に付き合ってくると、どうしても、初心を忘れてしまいがちです。

僕がはじめてスポーツ自転車に乗った瞬間の、あの感動。一生、忘れることはありませんが、思えば、そこから遠くまで来てしまいました。

しかし今回、僕は、これからスポーツ自転車を買おうとする方に向けたこの本を書くために、改めてスポーツ自転車のイロハをおさらいすることになりました。

すると、どうでしょう。僕が忘れていた重要な情報が、どんどん出てくるではないですか。「灯台下暗し」ではないですが、スポーツ自転車にとっての重要なことを、たくさん再確認できました。

そして同時に、はじめてスポーツ自転車にまたがっ

たときの新鮮な感覚がよみがえってきました。

どんな強豪選手も、マニアックなサイクリストも、最初ははじめてのスポーツ自転車を買うところからスタートしたはずです。

レースの解説者や主催者として、普段の僕が意識しているのは、そんな選手たちや自転車趣味にどっぷり浸かった人々です。しかし、普段の僕の仕事も、本書で書いたような大切な基本事項の上に積み重なっているのでした。

僕にとってのこの本は、長旅を経てようやくたどり着いた故郷のようなものです。

かつての僕がここから走り出したように、多くのサイクリストが本書によってスタートを切れることを祈っています。

栗村 修

Guide to start bike for life.

著者プロフィール

栗村 修(くりむら・おさむ)

(一財)日本自転車普及協会主幹調査役、ツアー・オブ・ジャパン大会ディレクター、J SPORTSサイクルロードレース解説者。
1971年神奈川県生まれ。中学生のときにテレビで観たツール・ド・フランスに魅せられロードレースの世界へ入る。17歳で高校を中退し、本場フランスへロードレース留学。その後ヨーロッパのプロチームと契約するなど29歳で現役を引退するまで国内外で活躍した。
引退後は国内プロチームの監督を務めつつ、ロードレース解説者としても活動。ユニークな解説で多くの人たちをロードレースの世界に引きずり込む。現在はツアー・オブ・ジャパン大会ディレクターとしてレース運営の仕事に携わっている。

STAFF
編集協力 ……………………… 佐藤喬
カバー・本文デザイン・DTP… 前田利博(Super Big BOMBER INC.)
本文イラスト ……………… 白滝きのこ
写真撮影 ……………………… 加藤陽太郎(アップハーツ株式会社)
写真提供 ……………………… 山下晃和

栗村修の
今日から始めるスポーツ自転車生活

2021年6月6日　初版第1刷発行

著　者　**栗村修**
©Osamu Kurimura 2021 Printed in Japan
発行者　**畑中敦子**
発行所　**株式会社 エクシア出版**
〒101-0031　東京都千代田区東神田2-10-9-8F

印刷・製本　**サンケイ総合印刷株式会社**

定価はカバーに表示してあります。乱丁・落丁本がございましたらお取り替えいたします。本書の内容の一部あるいは全部を無断で複製複写(コピー)することは、法律で認められた場合を除き著作権および出版権の侵害になりますので、その場合はあらかじめ小社あてに許諾を求めてください。

ISBN 978-4-908804-77-9　C0075

エクシア出版ホームページ　https://exia-pub.co.jp/
Eメールアドレス　info@exia-pub.co.jp